轻型客车
防侧倾失稳控制方法

李胜琴 著

哈尔滨工业大学出版社

内 容 简 介

本书基于 LuGre 动态摩擦理论，进行动态轮胎及车辆动力学建模及仿真研究，在此基础上分别提出差动制动防侧倾失稳控制策略和主动悬架防侧倾失稳控制策略，选取典型试验工况进行车辆仿真试验，对所提出的控制策略加以验证，得出了轻型客车主动防侧倾失稳控制方法。

本书可以作为车辆工程相关专业研究生的参考用书，也可供相关专业技术人员参考。

图书在版编目(CIP)数据

轻型客车防侧倾失稳控制方法/李胜琴著. —哈尔滨:哈尔滨工业大学出版社,2019.6(2024.6 重印)
ISBN 978-7-5603-8356-9

Ⅰ.①轻… Ⅱ.①李… Ⅲ.①小客车-制动装置-控制系统-系统建模-研究 Ⅳ.①U469.11.03

中国版本图书馆 CIP 数据核字(2019)第 135972 号

策划编辑	张凤涛
责任编辑	王玲　杨硕
装帧设计	麻凯　博鑫设计
出版发行	哈尔滨工业大学出版社
社　　址	哈尔滨市南岗区复华四道街 10 号　邮编 150006
传　　真	0451-86414749
网　　址	http://hitpress.hit.edu.cn
印　　刷	哈尔滨博奇印刷有限公司
开　　本	787 mm×1092 mm　1/16　印张 14.25　字数 300 千字
版　　次	2019 年 6 月第 1 版　2024 年 6 月第 2 次印刷
书　　号	ISBN 978-7-5603-8356-9
定　　价	138.00 元

(如因印装质量问题影响阅读,我社负责调换)

前 言

本书针对轻型客车进行车辆防侧倾失稳控制策略研究,在总结过去研究工作的基础上,阐述了车辆动力学建模的基础理论、技术方法及应用实践,进行了轻型客车侧倾稳定性的研究,提出了防侧倾失稳的控制策略。

全书共5章,第1章介绍本书研究的内容及国内外研究现状;第2章基于LuGre动态摩擦理论,针对车辆转弯运动过程中轮胎与路面之间的动态变化,对动态轮胎模型进行研究;第3章基于动态轮胎模型,进行轻型客车系统动力学建模研究;第4章通过对差动制动防侧倾失稳进行研究,提出控制策略,并进行虚拟仿真试验验证;第5章对主动悬架防侧倾失稳控制策略进行研究,并通过相关仿真试验验证。本书为车辆底盘集成控制提供了研究思路及研究方法,本书可以作为车辆工程相关专业研究生的参考用书,也可供相关专业技术人员参考。

本书得到了国家自然科学基金项目(51205055)和黑龙江省自然科学基金资助项目(E2016003)的支持,在此表示感谢。

在本书编写的过程中,本课题组的研究生参与了大量的搜集资料、仿真设计及文字整理等工作;在项目执行过程中,农北林业大学交通学院的领导和同事也给予了大量的支持与帮助,在此一并表示感谢。

由于作者水平有限,书中不妥之处在所难免,恳请读者批评指正。

作者
2019年3月

目 录

第1章 绪论 ··· 1
　1.1 研究背景 ··· 1
　1.2 研究意义 ··· 2
　1.3 国内外研究现状 ···································· 3
　1.4 主要研究工作 ····································· 5

第2章 轮胎模型 ····································· 8
　2.1 轮胎模型概述 ····································· 8
　2.2 LuGre 摩擦理论及动态轮胎模型 ···················· 11
　2.3 轮胎模型参数辨识 ································ 27
　2.4 LuGre 轮胎模型的应用及验证 ····················· 44
　2.5 本章小结 ·· 61

第3章 车辆动力学建模 ······························ 62
　3.1 车辆动力学概述 ·································· 62
　3.2 车辆动力学理论 ·································· 80
　3.3 基于 ADAMS 的车辆仿真模型 ····················· 88
　3.4 各零部件模板创建 ······························· 100
　3.5 子系统建立 ····································· 119
　3.6 整车动力学模型验证 ····························· 125
　3.7 本章小结 ······································· 128

第4章 差动制动防侧倾失稳控制策略 ················· 129
　4.1 概述 ··· 129
　4.2 轻型客车参数化建模 ····························· 139
　4.3 防侧倾失稳控制系统研究 ························· 144

4.4 防侧倾失稳控制策略仿真分析 ································· 159
4.5 本章小结 ·· 175

第5章 主动悬架防侧倾失稳控制策略 ································ 177
5.1 概述 ·· 177
5.2 轻型客车参数化建模 ·· 178
5.3 轻型客车防侧倾失稳控制系统研究 ······················· 183
5.4 联合仿真控制验证分析 ··· 201
5.5 本章小结 ··· 212

参考文献 ·· 214

第1章 绪 论

1.1 研究背景

美国高速公路安全管理局(National Highway Traffic Safety Administration, NHTSA)研究报告显示,在由非碰撞导致的第一类有害致命交通事故中,侧倾失稳事故大约占90%的比例,大约占全美恶性交通事故的11%。近年来,随着我国交通运输业的迅猛发展,由汽车侧倾失稳引起的重大事故也在不断增加,造成了严重的人员伤亡和巨大的经济损失。汽车侧倾失稳已经成为全世界瞩目的安全问题。因此,对汽车的侧倾失稳问题进行分析研究,提高汽车的防侧倾失稳能力,减少侧倾失稳事故的发生,已逐渐成为汽车安全研究的焦点。

轻型客车具有较高的质心高度及相对较小的悬架刚度,因此在转向时容易产生较大的车身侧倾角及侧向载荷转移,当车身侧倾角的大小超过轮胎侧向载荷转移所能补偿的极限时,车辆就可能发生侧倾失稳。目前对大客车及乘用车的防侧倾稳定性研究相对成熟,但对轻型客车的防侧倾稳定性研究相对较少。鉴于目前城郊及农村地区大部分校车仍采用轻型客车,且综合分析近几年所发生的校车交通事故,发现大多数为轻型客车的侧倾失稳,且常常会带来严重的后果,因此有必要进行轻型客车防侧倾失稳研究。

近年来,为提高车辆防侧倾失稳能力,进一步改善主动安全性,国内外许多学者和汽车生产商对整车侧倾失稳控制问题进行了广泛的研究,取得了一定的成果,然而大部分研究仍然处于理论及仿真试验阶段。如何确定控制策略的实际有效性并进一步提高侧倾失稳预警精度仍然是需要深入研究的方向。

1.2 研究意义

对于车辆主动安全系统而言,反映车况、路况信息的安全策略模型是必须解决的关键技术,这依赖于对路面附着状态、行车环境信息及车辆自身运动状态的准确把握。在实际行驶中相同驱动力矩下,汽车在不同附着状态路面的运动状态差别很大。因此,车辆响应特性的路面识别技术对建立安全策略模型的重要意义是不言而喻的。

对于轻型客车这类容易发生侧倾失稳的车型,有必要把侧倾稳定性作为主动安全性的一个重要控制目标。目前,在相对成熟的电子稳定程序(Electronic Stability Program,ESP)系统的基础上,不需增加传感器和改变执行器,只要在软件方面加入侧倾稳定性控制算法,便可实现侧倾稳定性控制,对横摆稳定性控制与侧倾稳定性控制进行有效集成。这样既可以最大限度地实现汽车的横摆与侧倾稳定性控制,又不会明显增加成本,具有实际应用的研究意义。

与应用相对广泛的稳态轮胎模型相比,LuGre轮胎动力学摩擦模型一方面通过对时间的微分方程体现了轮胎/路面接触摩擦力的变化,另一方面用摩擦理论实现了轮胎/路面接触摩擦建模,模型中各个参数都具有明确的物理意义,因此更能精确地描述轮胎与路面之间的摩擦行为,也适合用来实现汽车的制动等控制。通过本书的研究,基于LuGre集中动态摩擦模型,利用车辆转向制动过程中车载传感器获取的车辆状态信息,建立车辆运动状态观测器,可以很好地捕捉制动过程中附着力的瞬时状态,依据速度建立附着力与滑移率之间的表达式,借助简单准确的车辆动力学模型,进行路面附着状态的实时估计算法研究,为车辆主动安全性控制策略研究奠定理论及试验基础,具有理论研究意义。

1.3 国内外研究现状

目前国内外学者提出的主动侧倾失稳控制的主要方法包括主动横向稳定杆、主动转向、主动悬架、差动制动、主动侧向悬架、主动几何控制悬架和电子差速器等。此外，对于汽车列车，还有进行侧倾失稳预警系统的研究。目前研究较多并且比较实际的主动侧倾失稳控制方法主要是通过控制发动机降低车速及差动制动产生附加横摆力矩来实现车辆的侧倾稳定性。

1.3.1 国外研究现状

2006年，韩国万都公司（MANDO）工程师提出利用ESP和连续减振控制系统（Continuous Damping Control，CDC）组成的底盘一体化控制（Unified Chassis Control，UCC）系统，在原来横摆稳定性控制的基础上实现了侧倾稳定性控制。通过仿真发现，仅利用CDC或仅利用ESP分别使车辆的防侧倾失稳能力提高了14%和21%，而采用UCC使车辆的防侧倾失稳能力提高了将近71%。他们利用UCC防侧倾失稳的基本思路是，在监测到有侧倾失稳危险时，通过对轮胎施加制动力并增大减振器阻尼从而减小极限侧向力，来减小侧倾失稳的危险。

2007年，澳汰尔工程有限公司的Mohammad Kamal和密歇根大学的Taehyun Shim提出利用主动悬架进行横摆与侧倾稳定性的联合控制。控制系统通过对前后悬架的液压作动器施加不同的作动力，使系统在控制侧倾失稳的同时不会引起过大的不足转向。该控制系统以车辆的横摆角速度响应误差与侧倾失稳指数的加权值作为控制器的输入，加权系数主要随车辆的侧倾失稳状态变化，且随着侧倾失稳危险的增大，侧倾失稳指数所占的控制比例增大。根据侧倾失稳状态的不同，他们还对控制系统提出了操纵模式的概念，即在侧倾失稳指数较小的情况下，控制系统进入纯横摆稳定控制模式；在侧倾失稳指数较大的情况下，控制系统进入纯侧倾稳定性控制模式。

Aleksander Hac 研究了悬架参数和轮胎变形对汽车侧倾的影响；Jangyeol Yoon 等提出了一种基于侧倾角速度 – 侧倾角动态相平面的分析方法，预测汽车发生侧倾失稳的倾向，同时他们还提出了一种基于滑模控制的底盘集成策略，用于防止汽车侧倾失稳以提高汽车侧向稳定性；Chen Bo 等则通过采用一种基于侧倾失稳时间的预警算法来预测汽车侧倾失稳的发生，同时他们也提出了一种差动制动的防侧倾失稳控制方法；Selimsolmaz 等提出了一种防侧倾失稳鲁棒控制器的设计方法；P. J. Liu 和 S. Rakheja 等对重型汽车的侧倾影响因素进行研究，提出了用于描述重型汽车侧倾失稳的侧倾失稳安全因子的概念，同时提出一种开环的防侧倾失稳控制器；Robert Ervin 和 Christopher Winkler 等以轻型汽车为研究对象，提出基于一种离心机概念来测量汽车的侧倾失稳阈值；Niladri S. Das 等提出了一种利用汽车低速时的试验数据来预测汽车的动力学侧倾失稳阈值的方法，通过试验证明了该方法的有效性；德尔福公司也提出了新型防侧倾失稳控制系统——第三代自动稳定杆系统(Automatic Stability Bar System, ASBS)用于提高汽车的动态性能；VOLVO 公司则开发了可防止汽车侧倾失稳的防翻滚稳定控制系统(Roll Stability Control)，该系统使用了回转传感器，驾驶员进行急转弯或者快速转向时，以下操作会在瞬间完成：系统记录车辆倾斜角度变化的速度，根据此速度，计算倾斜的最终角度以确定翻滚的风险程度，若存在翻滚的危险，即激活制动系统以稳定车辆，从而为驾驶者赢得时间，以使其从容应对和处理险情。

1.3.2 国内研究现状

吉林大学的郭孔辉基于 TTR(Time to Rollover)的思想设计了侧倾失稳预测系统，以三自由度车辆模型为预测模型，以瞬态过程的侧向载荷转移率作为侧倾失稳指数，与汽车实际状态下的侧向载荷转移率进行对比，在此基础上设计了基于侧倾失稳预测的侧倾稳定性控制算法。吉林大学刘树明教授基于李雅普诺夫函数稳定性理论，针对混合动力客车，开发了参考自适应控制算法，用于车辆防侧倾失稳控制。利用该算法计算能够保证车辆稳定性所需要的附加横摆力矩并对不同车轮分配制动力,借助车辆制动系统(Antilock Brake System,ABS)高速电磁阀和常闭电磁阀等执行部件,对不同车轮施加相应的制动力,实现对车辆的主动防侧倾失稳控制。

南京理工大学的金智林等提出了基于模糊差动制动的汽车防侧倾失稳控制,同时他们还对汽车的侧倾失稳及稳定性进行分析,提出了准动态稳定因子的概念,但该研究并没有考虑汽车的非线性因素的影响。除此之外,他们还提出了一种基于预警的 PD 防侧倾失稳控制策略。浙江大学的李杰等提出了一种悬架刚度与阻尼的调整策略用于提高汽车的防侧倾失稳能力,但实际上悬架的调整对于提高汽车防侧倾失稳性能的作用是相当有限的。徐延海则提出了利用主动转向配合制动的技术来改善汽车的防侧倾失稳性能,但该研究并没有说明主动转向系统与制动系统该如何协调工作。长安大学的余强和马建研究表明,主动悬架可以有效地降低汽车的侧倾角从而改善汽车的侧倾状态。

除了上面提到的控制方法外,利用车轮独立驱动和刹车、车辆质心转移和降低发动机转矩输出等方法也被采用,以改善汽车的侧倾稳定性,提高汽车的侧向安全性。

总体来说,目前我国对汽车的侧倾失稳及其控制的研究尚处于初级阶段,专门针对汽车防侧倾失稳控制的研究相对较少,而且还没有实质性的开发和研究。现有的研究更多的是基于单个系统的防侧倾失稳控制研究,而针对多个系统综合防侧倾失稳控制的研究非常少,对其协调方法的研究更是近乎空白。对汽车防侧倾失稳控制进行试验验证的专用场地也非常少。针对城郊及农村地区应用较多的轻型客车的防侧倾稳定性研究,还未见相关报道。因此,进行汽车的防侧倾失稳控制研究特别是多个系统综合防侧倾失稳控制的研究是非常有必要的。

1.4　主要研究工作

本书的主要研究工作是基于模型参考自适应控制系统,针对目前城郊及农村地区校车应用较多的轻型客车,进行车辆转弯过程中的防侧倾失稳控制研究。首先基于 LuGre 集中动态摩擦模型的工作原理,建立 LuGre 动态轮胎模型,对转弯过程中路面的附着状态进行实时在线估计,进而在线估计车辆运动状态;然后对比转弯过程中车辆的理想运动状态,进行车辆侧倾失稳状态判定;再基于李雅普诺夫函数稳定性理论,从车辆底盘控制系统出发,提出轻型客车防侧倾稳定性控制算法;最后进行车辆仿真及道路试验,对轻型客车防侧倾稳定性控制算法进行验证。

(1)车辆状态识别。

在防侧倾失稳控制中,首先需要对车辆的状态参数及路面附着状态进行有效估算,以便判定车辆的侧倾失稳危险程度。其中需要识别及估算的主要状态参数有车轮离地状态与道路工况识别、转弯类型识别、整车质量、质心位置及车辆侧倾角等。

建立包括侧向运动、横摆运动及侧倾失稳运动的三自由度车辆动力学模型,设置车辆运动状态观测器,利用车上装有的侧向加速度和横摆角速度传感器、转向盘转角传感器及轮速传感器对车辆运动过程中的车轮离地状态、车辆侧倾角、车辆质心位置及质心侧偏角等进行在线实时估计。

依据 LuGre 集中动态摩擦模型原理,建立 LuGre 动态轮胎模型,设置路面状态参数和建立路面状态观测器,以便真实反映车辆运动过程中路面附着状态的变化。

(2)侧倾失稳状态判定。

依据车轮离地状态及车身侧倾角,设定侧倾失稳触发门限值 RI,依据车辆运动状态观测器所估计到的车辆状态参数,实时监测车辆是否达到侧倾失稳触发指标 RI。若达到 RI 指标,则对车辆进行离地检测识别。当此过程中发现内侧车轮滑移率发生过大变化时,认为车轮有离地的危险,应快速对车辆进行防侧倾失稳控制,直至车辆回到稳定行驶状态。

(3)防侧倾失稳控制算法研究。

车辆防侧倾失稳控制算法主要包括基于模型参考自适应控制的车辆附加横摆转矩的计算及车轮制动力分配算法两部分内容。

基于李雅普诺夫函数稳定性理论,针对车辆防侧倾失稳发生的机理,通过估测实际工况下的车辆状态参数,对车辆控制模型进行在线修正,以得到理想的期望性能参数,并以此作为目标值对车辆进行主动控制,使其跟踪驾驶员所期望的车辆动态响应。

对不同车轮进行制动控制所产生的车辆横摆转矩的大小及方向有所不同,根据这一理论研究结果,制定不同车辆转向运动状态下各车轮制动力分配决策表,进而在对车速进行控制的同时,对不同车轮施加制动力,直至车辆侧倾失稳指标 RI 小于触发门限。

(4)防侧倾失稳控制算法验证。

借助计算机手段对已设计的控制策略算法进行离线仿真验证,同时进行实车道路试验,验证防侧倾失稳控制算法的有效性。综合对比分析国内外各种动态侧倾失稳试验特性,搭建防侧倾失稳模型参考自适应控制器及车辆侧倾失稳模型仿真平台。通过道路工况、转弯类型、车辆质心位置及整车质量等模块识别并估算车辆状态和侧倾失稳特征参数,并计算得到相应的主动制动压力,对车辆在中、高附着路面和低附着路面条件下进行不同工况的防侧倾失稳控制算法进行仿真验证。

第2章 轮胎模型

进行车辆动力学仿真时,研究轮胎力学特性是对其进行研究分析的基础,因此对轮胎模型提出的要求是可以快速并且准确地计算轮胎的各向力学特性。在目前的轮胎仿真中,稳态轮胎模型可以较好地拟合轮胎试验数据,并且简化了分析和计算过程,因此得到广泛应用。但是稳态轮胎模型并不能及时捕捉到轮胎的动态特性,而 LuGre 集中动态摩擦模型通过对时间的微分方程体现了轮胎与路面接触摩擦力的变化,并且模型中各个参数都具有明确的物理意义,因此能更精确地描述轮胎与路面之间的摩擦行为。基于 LuGre 集中动态摩擦模型的工作原理,并借助准确的车辆动力学模型,建立了能够描述车辆运动状态的表达式,有利于后续进行路面附着状态的实时估计和车辆主动安全性控制策略的研究,为车辆主动安全性控制策略研究奠定理论及试验基础,具有理论研究意义。

2.1 轮胎模型概述

轮胎力学主要研究轮胎的运动变形及受力响应,轮胎模型通过车轮运动参数同轮胎力和力矩之间的函数关系,来描述轮胎的力学性能。随着对轮胎与路面之间工作机理的不断深入了解,学者们研究了很多不同类型的轮胎模型,奠定了研究轮胎力学的基础。

总体上轮胎模型可分为理论模型、经验模型、半经验模型及轮胎自适应模型四种不同的类型。

理论模型是指通过简化轮胎结构,推导出轮胎在不同工况下的力学特性表达式的过程。理论模型应用较为普遍,可以精确反映轮胎模型中各个参数是如何影响轮胎力学特性的,但由于其表达式过于复杂,很难满足对运动在线实时控制的研究。经验模型是选择一定的拟合函数来表示轮胎特性,以试验数据作为依据,然后利用特殊的函数进行曲线拟合,建立轮胎的力学特性模型。"魔术公式"模型是经验模型典型的代表,拟合精度相对较高,可用来检验其他轮胎模型,普遍应用于整车建模仿真中。半经验模型是以理论分析和试验数据为基础,设定边界条件并建立经验模型。该模型形式简洁但精度很高,具备理论模型及经验模型的优点,能够满足边界条件设置,广泛应用于汽车动力学仿真。轮胎自适应模型是通过对生物体的一些功能和特定结构描述,针对不同的输入数据建立的模型,具有自适应能力,该模型建模效率高,能用来预测轮胎和车辆的行为,具有很高的精度。

Koesler 等于 1937 年通过研究,将轮胎制动力用滑移率函数进行表示。1941 年 Fromm 推导出能够描述轮胎侧偏特性的理论模型,称为胎体梁模型。Fiala 在 1954 年建立了 Fiala 模型,采用美国汽车工程师协会(Society of Automotive Engineers,SAE)坐标系,引入胎冠和胎体的变形,推导了侧向力、回正力矩、外倾角及侧偏角之间的相互关系。

Willumeit 在 1969 年提出胎体 - 胎冠 - 轮辋模型,在这个模型中,胎体被简化为一个圆环并且无质量,与能变形的胎冠连接,很好地表达了轮胎侧向力、纵向力、回正力矩、侧偏角及侧向变形间的关系。

1984 年,我国著名学者郭孔辉教授以 Fiala 理论模型为基础,建立了新的半经验模型——UniTire 轮胎模型。该模型借助试验辨识胎体具体的特征参数,表达式相对简单,且运算效率高,数据的拟合度较好,在研究车辆转向制动时应用广泛。除此之外,在复杂或者极限工况时也能实现对轮胎一些性能的仿真分析。

Magic Formula 轮胎模型,即广泛应用于车辆动力学仿真的"魔术公式"轮胎模型,是 Pacejka 等在 1991 年总结很多轮胎试验数据的基础上通过推导得到的,该轮胎模型用一组三角函数的公式对轮胎的纵向力、侧向力和回正力矩等力学特性进行了描述。

1998 年,荷兰 Delft 工业大学采用刚性圈理论研究出一种新的模型——SWIFT 轮胎模型,该模型主要结合"魔术公式"而建立,可描述轮胎在小波长、大滑移时的特性,从而对轮胎从瞬态到稳态连续变化的动力特性进行表达,也能够用来计算车轮在外倾或转向滑移等工况时的动力学行为。

1995年,Canudas等以刷子模型为基础,推导出轮胎动力学摩擦模型,称为LuGre动力学摩擦模型,该模型引入一个变量来对轮胎内部的摩擦状态进行表示,然后结合该变量对时间的微分共同来描述轮胎与路面之间的摩擦,因此可准确地对轮胎与路面之间的摩擦效应进行表达。

2002年,E. Velenis等扩展了LuGre轮胎模型,使得该模型可以准确描述轮胎的纵向力以及侧向受力行为。2004年,Joško Deur等改进了LuGre轮胎模型,是因为考虑到轮胎模型参数和法向载荷之间的关系;同时,Panagiotis Tsiotras等应用中心矩法改进模型,使得LuGre轮胎模型可以更方便地对车辆进行仿真和控制。

2006年,Kasporza以Radt无量纲模型为基础,建立了力学特性和胎压之间的关系。同年,Salani采用刷子模型建模,认为轮胎接地印迹是椭圆的,建立了综合考虑侧倾、侧偏和纵滑的理论模型。该模型研究了轮胎侧向力、纵向力和回正力矩特性,并在2007~2008年对模型进行了验证。

2010年,Taheri和Ding改进了Dugoff模型,减少了模型所涵盖的参数,使之更好地应用于控制系统。

轮胎的力学特性由于受到各种轮胎物理结构的影响,因此比较复杂。轮胎主要由橡胶和一些高度拉紧的帘线构成,是具有黏弹性的环状体,主要组成部分有胎侧、胎面、帘线层及带束层等。橡胶帘布复合材料是轮胎的重要组成部分,但是复合材料的各向异性给轮胎力学的研究带来了一定的困难。此外,受轮胎和路面的相互作用之间的复杂性以及轮胎自身的作用力和运动状态等影响,轮胎力学特性的研究也很困难。轮胎的力学特性主要分为动态特性和静态特性,动态特性又可以按照不同的情况进行分类,具体的轮胎力学特性的分类如图2-1所示。

车辆动力学研究的内容不尽相同,根据其研究对象的不同,轮胎模型主要分为纵滑模型、侧偏侧倾模型及垂向振动模型三种不同类型的模型。

根据研究发现,轮胎的侧偏特性是轮胎力学特性研究的主要对象。轮

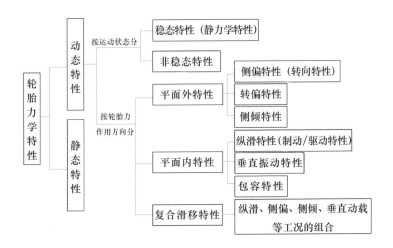

图 2-1 轮胎力学特性的分类

胎的侧偏特性主要包含纯侧偏特性、侧倾侧偏特性、纵滑侧偏特性以及动载侧偏特性。研究轮胎的侧偏角、轮胎的侧偏力及回正力矩之间的关系,是研究操纵稳定性的基础。

轮胎的纵滑侧偏特性主要包括纯纵滑特性、动载纵滑特性以及侧倾纵滑特性等。纵滑侧偏特性与车辆的转向控制、车辆的制动力和驱动力控制密不可分,特别是当对 ABS、四轮转向系统(4 - Wheel Steering,4WS)等车辆控制系统进行研究时,通常将两者进行综合考虑。

除此之外,轮胎的侧偏和侧倾特性决定了如何正确选取车辆的定位参数;轮胎的侧向力及侧向弹性等动态特性对车辆前轮振摆也有很重要的影响;轮胎的载荷和轮胎的变形特性也是研究牵引力和附着滑移特性的重要组成部分。

2.2 LuGre 摩擦理论及动态轮胎模型

稳态轮胎模型之所以能够得到广泛应用,是因为它可以和轮胎试验数据很好地拟合,能够用来表达轮胎和路面之间的作用力。但是稳态轮胎模型不能很好地描述轮胎与地面接触时的动态特性,而动态轮胎摩擦模型可以很好地捕获接触面的动态摩擦特性,弥补稳态模型所表现出的不足。本节拟基于动态摩擦理论研究动态轮胎模型。

2.2.1 摩擦理论概述

研究轮胎的力学特性,主要是研究轮胎和地面之间如何产生摩擦力。摩擦力是在两个相互接触的物体表面之间产生的切向作用力,它几乎在所有的运动中都存在,并且很多因素对摩擦力都有影响。本节先对摩擦特性进行介绍。

(1)摩擦现象。

摩擦力通常有很多表征现象,表现相对应的特性,现介绍如图 2-2 所示的四种现象。

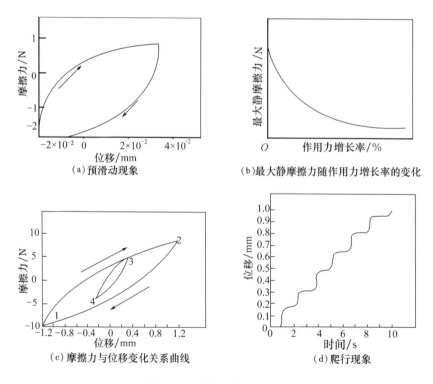

图 2-2 摩擦力的表征现象

①预滑动现象。

当对物体施加的外力小于其最大静摩擦力时,摩擦力的表现形式是和弹簧相似的黏滞力,施加的外力会导致物体间发生相对运动,产生较小的相对位移,此时产生的摩擦力是位移的函数,示意图如图2-2(a)所示。由图中曲线可以看出,相对位移变大,摩擦力增大,反之,位移减小摩擦力也变小,摩擦力在这个过程中表现出滞回特性。

②最大静摩擦力的可变性。

最大静摩擦力是物体处于预滑动阶段即将转向宏观滑动时的摩擦力,最大静摩擦力随外力作用时间的增加变化不明显,却和作用力增长率密切相关,随着作用力增长率的增大,最大静摩擦力表现出减小的趋势,这种现象如图2-2(b)所示。

③非局部记忆特性。

在预滑动阶段摩擦力表现出滞回特性,该特性和摩擦力的信息有关,具体的摩擦力的描述如图2-2(c)所示。当摩擦力从位置1变化到位置3再变化到位置4时,摩擦力本身形成滞环曲线,而从位置4变化到位置3时,摩擦力的数值没有发生变化,只是路径有所不同,从位置2回到位置1时,数值回到初始值,路径发生改变,这种现象称为非局部记忆特性。

④爬行现象。

当系统速度逐渐接近于一个临界数值时,运动速度会表现出抖动现象,即低速不平稳现象。爬行现象的示意图如图2-2(d)所示,爬行现象可以用来研究最大静摩擦力的变化。摩擦力使系统产生微小位移,当达到最大静摩擦力时,系统发生相对滑动,位移临近某一数值时变化趋势减小,系统近似停止状态,随着作用力的增加,系统又会重新滑动再停止,产生爬行现象。

(2)摩擦特性。

摩擦特性一般用图2-3所示的静态摩擦曲线进行描述,包括库仑摩擦F_C、黏性摩擦力F_v、低速时的Stribeck摩擦Fstribeck以及静摩擦力F_s(相对速度为零)四种不同的稳态摩擦效应。

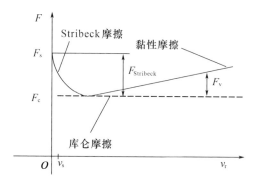

图 2-3 静态摩擦曲线

图 2-3 中,$F_{Stribeck}$ 为低速运动时考虑了 Stribeck 模型引起的摩擦力,数值和速度成反比,造成摩擦运动在速度低时不稳定,F_v 为黏性摩擦力,阻碍运动,数值和相对速度成反比。几种稳态摩擦效应可用式(2-1)表示:

$$F(v_r) = [g(v_r) + \sigma_2|v_r|]\text{sgn}(v_r) + f \cdot v_r \quad (2-1)$$

$\sigma_2|v_r|$ 为粘滞摩擦顶,$g(v_r)$ 为 Stribeck(正滑动摩擦函数),用式(2-2)表示:

$$g(v_r) = F_C + (F_s - F_C)e^{-|v_r/v_s|^\delta} \quad (2-2)$$

式中 F_s ——静摩擦力,N;

F_C ——库仑摩擦力,N,是一个常值;

f ——粘滞摩擦系数;

v_r ——两个相互摩擦的物体之间的相对速度,m/s;

v_s ——Stribeck 摩擦效应速度,m/s;

δ ——Stribeck 指数,$\delta \in [0.5, 2]$,本书取 $\delta = 0.5$。

Stribeck 摩擦效应速度可以用图 2-3 中摩擦曲线下降部分的斜率来表示,通过改变润滑条件可使其减小,使得最大静摩擦力更快接近库仑摩擦力。

通过摩擦学试验可以知道,有其他两种瞬态摩擦效应存在,即变化分离力效应[图2-4(a)]和摩擦滞后效应[图2-4(b)]。由图2-4(a)可知,随着受力的增加,分离力从F_s(静摩擦力)逐渐减小为F_C(库仑摩擦力),表明黏滑跃变受Stribeck效应的影响相对较小。由图2-4(b)可以看出,相对速度发生周期性变化时,低速摩擦响应曲线会形成一个封闭的环形,且闭环随着相对速度变化频率的增加逐渐变宽。

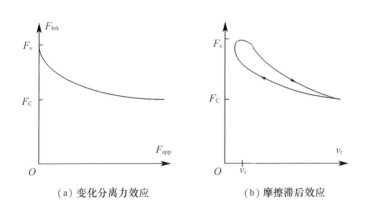

(a)变化分离力效应　　　　(b)摩擦滞后效应

图2-4　两种瞬态摩擦效应

(3)轮胎与路面摩擦。

轮胎和路面之间的摩擦是比较复杂的问题,轮胎和路面间的摩擦主要受轮胎类型、滑移率、路面状况、轮胎的胎面花纹及充气压力等的影响。轮胎的主要组成部分是橡胶,而橡胶作为黏弹性体,其摩擦特性很特殊,决定其摩擦的主要因素不再只是库仑摩擦,接触面积、接触压力、外界温度、胎面和路面间的相对滑动速度等都会对其产生影响。影响轮胎和地面摩擦的因素见表2-1,受轮胎自身、路面状况及操纵条件的影响,轮胎摩擦模型的作用机理比较复杂,通常所用的库仑摩擦不能很好地反映实际的摩擦状况,因此有必要研究一种新的轮胎模型,使其能够快速准确地描述轮胎的运动状态。

表 2-1 影响轮胎和地面摩擦的因素

	具体影响因素
轮胎	尺寸、结构、气压、材料、胎面形状、胎面厚度等
地面	微观、宏观、巨观、不平度、排水性等
污染物	水、雪、冰、灰尘的薄膜厚度,污染物的化学成分等
其他因素	路面温度、轮胎温度、车速、载荷等

(4)轮胎接地形状和压力分布。

轮胎的接地形状受载荷的影响比较大,借助 ABAQUS 平台,建立轮胎的有限元分析模型,并以此为基础,模拟轮胎在不同载荷下的接地特性。通过对模型进行计算分析,能够得到不同载荷下轮胎的接地面积和接地形状。接地形状随着载荷的增加会按照圆形到椭圆形、椭圆形到矩形的趋势变化,轮胎接地形状发生变化时的临界载荷数据见表 2-2,数据表明,随着载荷的增加,接地形状由椭圆形变成矩形。在研究时,为了统一,本书将其简化成矩形。

表 2-2 轮胎接地形状发生变化时的临界载荷数据

胎压/MPa	临界载荷/kN	
	圆—椭圆	椭圆—矩形
0.6	11.869	21.798
0.7	12.509	24.756
0.8	15.986	25.132
1.0	19.345	34.458
1.1	21.556	40.579
1.2	26.285	44.324

车辆在运动时,不同的运动工况对轮胎的力学特性有不同的影响,因此在进行轮胎模型研究时,需要考虑到轮胎的接地压力分布。下面对轮胎在不同工况时的不同接地压力分布进行简单介绍,图2-5所示为轮胎在不同纵向力制动(或驱动)时轮胎接地长度和接地压力之间的变化关系。从图中可以看出,接地压力在轮胎自由滚动时均匀分布在接地长度的中心两侧范围内,呈梯形分布。驱动时,压力分布沿轮胎滚动方向有一定的偏移,并且偏移量随着驱动力数值的增加而变大;相反,在制动时,接地压力向轮胎滚动相反的方向有偏移,且随着制动力的增大偏移量越来越大。本书在研究时,认为压力分布为梯形分布。

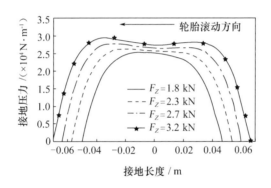

图 2-5　轮胎在不同纵向力制动(或驱动)时
轮胎接地长度和接地压力之间的变化关系

2.2.2　LuGre 轮胎模型

(1) LuGre 轮胎模型的原理及特点。

LuGre 轮胎模型的原理简化图如图 2-6 所示。假设在两个摩擦的接触物体表面间有无数的鬃毛,它们具有弹性且形如弹簧,鬃毛的弹性变形产生了摩擦力,鬃毛随着接触的两个物体间的相对位移会发生弹性变形,产生了静摩擦力,相对接触的表面随着形变的增大发生滑移,摩擦力因此产生。

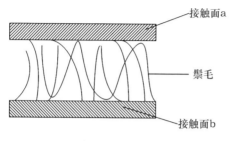 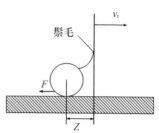

(a) 多个自由分布鬃毛的LuGre摩擦模型　　(b) 单个鬃毛的LuGre摩擦模型

图 2-6　LuGre 轮胎模型的原理简化图

LuGre 轮胎模型运用一阶微分方程的形式对轮胎的摩擦特性进行描述,引入变量 z 表示鬃毛的平均形变,模型的具体表达式为

$$\frac{\mathrm{d}z}{\mathrm{d}t} = v_\mathrm{r} - \frac{\sigma_0 |v_\mathrm{r}|}{g(v_\mathrm{r})} \cdot Z \quad (2-3)$$

$$F = \sigma_0 Z + \sigma_1 \frac{\mathrm{d}z}{\mathrm{d}t} = \sigma_2 v_\mathrm{r} \quad (2-4)$$

$$g(v_\mathrm{r}) = F_\mathrm{C} + (F_\mathrm{s} - F_\mathrm{C})\mathrm{e}^{-|v_\mathrm{r}/v_\mathrm{s}|^{0.5}} \quad (2-5)$$

式中　Z——鬃毛平均弹性形变量;

σ_0——鬃毛纵向刚度系数,m^{-1};

σ_1——鬃毛纵向阻尼系数,m^{-1};

σ_2——相对黏滞阻尼系数,$\mathrm{s/m}$;

F_C——库仑摩擦力,N;

F_s——静摩擦力,N。

其余参数定义同式(2-2),上面的参数中,σ_2、v_s 基本不受外界因素的影响,通常设为常数,本书取 $\sigma_2 = 0.0005\ \mathrm{s/m}$,$v_\mathrm{s} = 6\ \mathrm{m/s}$。

将 LuGre 轮胎模型的特点进行归纳,总结如下:

①模型采用微分方程的形式,表达式简洁。

②可以描述库仑摩擦、Stribeck 效应、黏性摩擦、摩擦滞后等现象,更能表现出真实的摩擦现象。

③模型中的参数可以通过试验拟合。
④连续性良好,相对其他模型可以平滑地在不同摩擦状态间过渡。
⑤可以把轮胎的动态特性进行描述,弥补了传统模型的不足。

LuGre 轮胎模型主要有两种,即集中式轮胎模型和分布式轮胎模型,前者设定轮胎和路面是点接触,用常微分方程表示,对时间进行积分即可求解;后者设定轮胎和路面是面接触,用偏微分方程来表示,需要在时间和空间上都积分才可求解。

(2)集中式轮胎模型。

集中式轮胎模型的示意图如图 2-7 所示。

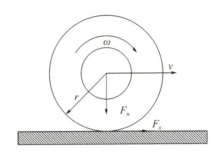

图 2-7 集中式轮胎模型的示意图

引进变量 z 表示鬃毛的平均形变,该模型的数学表达式为

$$\frac{\mathrm{d}z}{\mathrm{d}t} = v_\mathrm{r} - \frac{\sigma_0 |v_\mathrm{r}|}{\theta \cdot g(v_\mathrm{r})} \cdot Z \tag{2-6}$$

$$F = \left(\sigma_0 Z + \sigma_1 \frac{\mathrm{d}z}{\mathrm{d}t} + \sigma_2 v_\mathrm{r}\right) \cdot F_n \tag{2-7}$$

$$g(v_\mathrm{r}) = \mu_\mathrm{C} + (\mu_\mathrm{s} - \mu_\mathrm{C})\mathrm{e}^{-|v_\mathrm{r}/v_\mathrm{s}|^{0.5}} \tag{2-8}$$

式中 σ_0——轮胎纵向刚度系数,m^{-1};

σ_1——轮胎纵向阻尼系数,m^{-1};

σ_2——轮胎相对黏滞阻尼系数,$\mathrm{s/m}$;

Z——轮胎平均弹性形变量;

θ——不同路面的摩擦系数,对于冰、雪、湿、干沥青路面,θ 取值依次

为 0.1、0.2、0.6、0.8；

F——轮胎与路面之间的摩擦力，N；

F_n——轮胎承受的垂直载荷，N；

μ_C——库仑摩擦系数；

μ_s——静摩擦系数，通常认为 $\mu_C \leq \mu_s$。

对于 LuGre 轮胎模型的性质进行总结概括，其中和轮胎路面摩擦相关的两个性质分别为平均形变 z 的有界性和系统的耗散性。

① 有界性。平均形变 z 是有限的，是 LuGre 轮胎模型比较直观的一个性质；当 $0 < g(v) \leq a$ 时，如果 $|z(0)| \leq a$，则 $|z(t)| \leq a$，$\forall t \geq 0$。

② 耗散性。摩擦需要消耗能量，为了防止鬃毛形变过程中出现零衰减振荡，这个参数对轮胎模型的耗散性质也会产生影响。

在该模型中，每个参数都有相对应的物理含义，通过对时间的微分方程能够描述轮胎和路面之间的摩擦状态，较稳态轮胎模型实用性更强，所以容易实现对车辆系统的控制。

（3）分布式轮胎模型。

分布式轮胎模型的示意图如图 2-8 所示，将轮胎和路面接触的区域简化为矩形，应用微分理论，设接触面的长度为 L，认为接触面由一系列的单元组成，每个单元所受的摩擦力用一阶模型来表示。

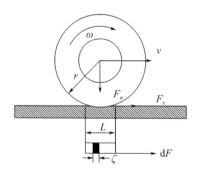

图 2-8　分布式轮胎模型的示意图

模型的数学表达式为

$$\frac{\mathrm{d}z(t,\zeta)}{\mathrm{d}t} = v_r - \frac{\sigma_0 v_r}{\theta \cdot g(v_r)} \cdot Z(t,\zeta) \qquad (2-9)$$

$$F(t) = \int_0^L (\sigma_0 + \sigma_1 \dot{z} + \sigma_2 v_r) f_n(\zeta) \mathrm{d}\zeta \qquad (2-10)$$

$$g(v_r) = \mu_C + (\mu_s - \mu_C) \mathrm{e}^{-|v_r/v_s|^{0.5}} \qquad (2-11)$$

式中 $f_n(\zeta)$——轮胎接地印迹方向上的压力分布函数。

可以看出,分布式轮胎模型的假设条件如下:

① 载荷在整个接触面上是均匀分布的,可根据不同的情况选择不同的载荷分布方式。

② 每一个单元体的接触速度都等于 v_r。

常见的几种轮胎接地印迹压力分布函数如下:

均一分布:

$$f_n(\zeta) = \frac{F_n}{L} \qquad (2-12)$$

正弦分布:

$$f_n(\zeta) = \frac{\pi F_n}{2L} \sin(\pi\zeta/L) \qquad (2-13)$$

指数分布:

$$f_n(\zeta) = \mathrm{e}^{-\lambda(\zeta/L)} f_n(0), \quad \lambda \geqslant 0 \qquad (2-14)$$

抛物线分布:

$$f_n(\zeta) = \frac{3F_n}{2L}\left[1 - \left(\frac{\zeta - L/2}{L/2}\right)^2\right] \qquad (2-15)$$

通过式(2-9)~(2-11)可以看出,分布式轮胎模型可以更精确地描述轮胎和路面之间的摩擦现象,所以在现阶段对车辆制动系统的控制研究中,经常用其来推出在车速和轮速恒定状态(即稳态)时的摩擦模型。

通过对上面介绍的两种模型的工作原理及特点进行比较可以知道,分布式轮胎模型可以更好地描述轮胎的真实接地特性(表2-3)。

表 2-3　两种 LuGre 轮胎模型比较

	集中式轮胎模型	分布式轮胎模型
原理	轮胎和地面点接触,不考虑轮胎接地区域压力分布,从而得到一个时间微分方程	考虑了轮胎接地区域压力分布,推导出在时间和空间上的偏微分方程
特点	建模求解比较简单,但模型的精度相对较低	模型精度较高,建模仿真难度大,但是模型过度依赖于车速、滑移率等,导致运算量大

在建立模型时,我们可以综合考虑,在保留分布轮胎模型优势的前提下,把轮胎与地面的接触区域的形变量用胎体的平均形变量来表示,这种模型称为平均集中模型,采用时间 t 的函数来表示轮胎的平均摩擦状态变量:

$$\bar{z}(t) = \frac{1}{F_n} \int_0^L Z(\zeta,t) f_n(\zeta) \mathrm{d}\zeta \qquad (2-16)$$

由此推得 LuGre 平均集中模型的表达式:

$$\dot{\bar{z}}(t) = v_r - \frac{\sigma_0 v_r}{\theta \cdot g(v_r)} \cdot \bar{z}(t) - r\omega \cdot Q(t) \qquad (2-17)$$

$$F(t) = [\sigma_0 \bar{z}(t) + \sigma_1 \dot{\bar{z}}(t) + \sigma_2 v_r] \cdot F_n \qquad (2-18)$$

$$Q(t) \approx \kappa \bar{z}(t), \quad \frac{1}{L} \leq \kappa \leq \frac{2}{L} \qquad (2-19)$$

一般在仿真中,取 $\kappa = \dfrac{1.2}{L}$,能很好地表示轮胎模型的动态特性。

(4)研究用 LuGre 轮胎模型。

①轮胎运动坐标系。

根据 SAE 的标准,对轮胎运动坐标系进行介绍,把轮胎受到沿 x、y、z 轴与绕三个坐标轴的力和力矩以及相关的运动变量分别定义,轮胎的六分力术语及其符号见表 2-4。

表2-4 SAE标准轮胎运动坐标系规定的轮胎六分力术语及其符号

坐标轴定义	+x:纵向向前	+y:侧向向右	+z:法向向下
力 F	纵向力 F_x	侧向力 F_y	法向力 F_z
力矩 M	侧倾力矩 M_x	滚动阻力矩 M_y	回正力矩 M_z

SAE标准轮胎运动坐标系是三维右手正交坐标系,坐标系规定法向坐标朝下。SAE标准轮胎运动坐标系如图2-9所示,轮胎接地印迹的中心是坐标系的原点O,设定车轮平面和地平面的交线为x轴,规定前进方向为正;y轴和车轮旋转轴线平行,设在地面上,规定正方向向右;z轴和地平面垂直,规定向下取为正。

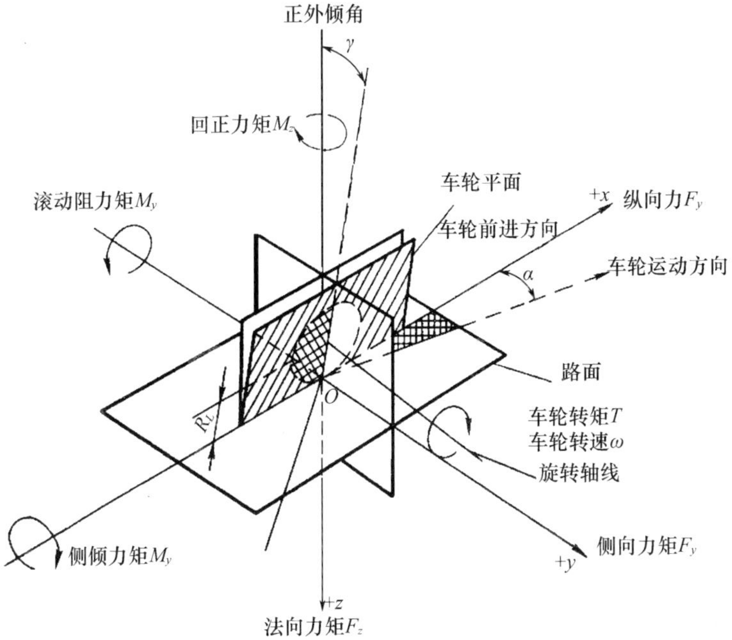

图2-9 SAE标准轮胎运动坐标系

②纵向、侧向联合工况下的轮胎模型。

轮胎具有明显的各向异性特性,而且又会受轮胎纵向力和侧向力的作用,因此对车辆的操纵稳定性和动力性会产生一定的影响,路面不平同样会影响轮胎的垂向振动,本书研究不予考虑。把轮胎和路面的接触简化为仅在二维平面的运动,此时研究的二维 LuGre 轮胎模型需要用到的坐标系如图 2-10 所示。

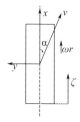

图 2-10 二维 LuGre 轮胎模型坐标系

轮胎和路面的接地印记是矩形,设其长度是 L,宽度为 W,假设该矩形接触面由无数个微小单元体组成,每个单元体都具有二维 LuGre 轮胎模型的特性。该坐标系中,r 为轮胎的滚动半径,ω 为车轮的角速度,v 为车辆前进速度,α 为车轮侧偏角。定义轮胎滚动方向为 ζ 轴,在 t 时刻,鬃毛在接地印记 ζ 处的变形量用 $z(\zeta,t)$ 表示,如图 2-10 中坐标系所示,鬃毛在纵向和侧向的联合工况下,在 x、y 两个方向上都有变形,t 时刻的变形量记为 $z_{x,y}(\zeta,t)$,在 $(t+\mathrm{d}t)$ 时刻,鬃毛的变形量是 $z_{x,y}(\zeta+\mathrm{d}\zeta,t+\mathrm{d}t)$,则 $\mathrm{d}z_{x,y}$ 表示为

$$\mathrm{d}z_{x,y} = z_{x,y}(\zeta+\mathrm{d}\zeta,t+\mathrm{d}t) - z_{x,y}(\zeta,t) \qquad (2-20)$$

$\mathrm{d}z$ 可以用变量 ζ 和 t 的函数来表示,即

$$\mathrm{d}z = \frac{\partial z}{\partial \zeta}\mathrm{d}\zeta + \frac{\partial z}{\partial t}\mathrm{d}t \qquad (2-20\mathrm{a})$$

$$\frac{\mathrm{d}\zeta}{\mathrm{d}t} = |\omega r| \qquad (2-20\mathrm{b})$$

综合式(2-20)、式(2-20a)和式(2-20b),可得

$$\frac{\mathrm{d}z_{x,y}(\zeta,t)}{\mathrm{d}t} = \frac{\partial z_{x,y}(\zeta,t)}{\partial t} \frac{\partial z_{x,y}(\zeta,t)}{\partial \zeta} \cdot |\omega r| \qquad (2-21)$$

将式(2-16)代入式(2-21)中:

$$\frac{\partial z_{x,y}(\zeta,t)}{\partial t} = v_{rx,y}(t) - \frac{\sigma_{0x,y}|v_{rx,y}|}{\theta \cdot g_{x,y}(v_{rx,y})} \cdot z_{x,y}(\zeta,t) - \frac{\partial z_{x,y}(\zeta,t)}{\partial \zeta} \cdot |\omega r|$$

$$(2-22)$$

由 LuGre 轮胎模型的结构形式可知,轮胎和路面间滑动摩擦力 $g(v_r)$ 在纵向和侧向的分量 $g_{x,y}$ 是正值,所以可以写成下面的形式:

$$g_{x,y}(v_{rx,y}) = \left| \frac{v_{rx,y}}{v_r} \cdot g(v_r) \right| \qquad (2-23)$$

将式(2-23)代入式(2-22),鬃毛的变形量 z 的最终方程式可表示为

$$\frac{\partial z_{x,y}(\zeta,t)}{\partial t} = v_{rx,y}(t) - \frac{\sigma_{0x,y}|v_{rx,y}|}{\theta \cdot g(v_{rx,y})} \cdot z_{x,y}(\zeta,t) - \frac{\partial z_{x,y}(\zeta,t)}{\partial \zeta} \cdot |\omega r| \qquad (2-24)$$

其中,把纵向和侧向的相对运动速度分别定义为

$$\begin{cases} v_{rx} = \omega r - v\cos\alpha \\ v_{ry} = -v\sin\alpha \end{cases}$$

假设在 y 轴方向垂直载荷均匀分布,由此可推导出轮胎的纵向力、侧向力和回正力矩的表达式为

$$F_{x,y}(t) = \int_0^L f_n(\zeta) \cdot \left[\sigma_{0x,y} z_{x,y}(\zeta,t) + \sigma_{1x,y} \frac{\partial z_{x,y}(\zeta,t)}{\partial t} + \sigma_{2x,y} v_{rx,y} \right] d\zeta \qquad (2-25)$$

$$M_z(t) = \int_0^L f_n(\zeta) \cdot \left[\sigma_{0,y} z_y(\zeta,t) + \sigma_{1y} \frac{\partial z_y(\zeta,t)}{\partial t} + \sigma_{2y} v_{ry} \right] \cdot \left(\frac{L}{2} - \zeta \right) d\zeta \qquad (2-26)$$

式中 $f_n(\zeta)$——轮胎接地印迹方向上的压力分布函数。

③LuGre 轮胎模型的动态特性。

根据式(2-25),变量能够表达轮胎内部的摩擦状态,不仅是时间的函数,还是接地印迹位置的函数,所以能够反映出轮胎运动时的瞬态特性。瞬态参数 σ_1 对轮胎的性能影响较小,用常数值 1 代替,用在稳定状态(即 $\partial z/\partial t = 0$)时计算得到的轮胎力代替动态时的轮胎力进行后续的研究。

假设车辆的车轮前进速度 v 和车轮旋转角速度 ω 恒定,由此对轮胎纵向力和侧向力的表达式进行推导,式(2-24)中 $\partial z_{x,y}(\zeta,t)/\partial t = 0$,由此计算出鬃毛变形量 $z_{x,y}$ 的稳态解析解,如式(2-27)所示:

$$z_{x,y}^{ss}(\zeta) = \frac{v_{rx,y} \cdot \theta g(v_r)}{|v_r| \sigma_{0x,y}}(1 - e^{-\zeta/z_{x,y}}) \qquad (2-27)$$

式中

$$z_{x,y} = \left|\frac{\omega r}{v_r}\right| \cdot \frac{g(v_r)}{\sigma_{0x,y}}$$

根据研究发现,压力的不均匀分布对轮胎的纵向力和侧向力的影响较小,但是对回正力矩的影响比较大。所以,在本次研究时,纵向力和侧向力表达式都采用均匀压力分布形式,即 $f_n(\zeta) = \frac{F_n}{L}$。在建立回正力矩模型时,把垂向载荷分布设为梯形压力分布曲线,如图 2-11 所示。

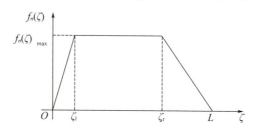

图 2-11 梯形压力分布曲线

相对应的梯形压力的表达式为

$$f_n(\zeta) = \begin{cases} C_1\zeta, & 0 \leq \zeta \leq \zeta_l \\ f_{n\max}, & \zeta_l < \zeta < \zeta_r \\ C_2\zeta, & \zeta_r \leq \zeta \leq L \end{cases} \qquad (2-28)$$

综合以上,得到纵向力、侧向力和回正力矩的最终表达式,即

$$F_{x,y} = \left\{\frac{v_{rx,y}}{|v_r|} \cdot \theta g(v_r)\left[1 - \frac{z_{x,y}}{L}(1 - e^{-\zeta/z_{x,y}})\right] + \sigma_{2x,y}v_{rx,y}\right\} \cdot F_n$$

$$(2-29)$$

$$M_z = \left\{\frac{v_{rx,y}}{|v_r|} \cdot \theta g(v_r) \cdot \frac{L}{2}\left[1 - R_v + \frac{2L}{L + \zeta_r - \zeta_l} \cdot Q_y^2 \cdot \left(\frac{4Q_y \cdot L - L}{\zeta_l} - \frac{4Q_y \cdot L + 2\zeta_l - L}{\zeta_l} \cdot e^{-\zeta_l/(Q_y \cdot L)} - \frac{4Q_y \cdot L + 2\zeta_r - L}{L - \zeta_r} \cdot e^{-\zeta_r/(Q_y \cdot L)} + \right.\right.\right.$$

$$\left. \frac{4Q_y \cdot L + L}{L - \zeta_r} \cdot e^{-1/Q_y} \right) \right] + \frac{L}{2} \cdot (1 - R_v) \cdot \sigma_{2y} v_{ry} \right\} \cdot F_n \quad (2-30)$$

式中

$$R_v = \frac{2(L^2 + \zeta_r \cdot L + \zeta_r - \zeta_1^2)}{3(L^2 + \zeta_r \cdot L + \zeta_r - \zeta_1 \cdot L)}$$

$$Q_y = \frac{\theta g(v_r)}{L \cdot \sigma_{0y}} \left| \frac{\omega r}{v_r} \right|$$

为了研究轮胎模型的动态特性,通常借助整车动力学模型进行仿真分析。将式(2-29)应用到整车动力学模型中。本书建立七自由度整车动力学模型,并且对运用魔术公式轮胎模型的整车模型都进行转弯制动工况下的仿真分析,考虑车辆的纵向和侧向运动情况,以左前轮为例,仿真得到的纵向力对比曲线如图2-12所示。

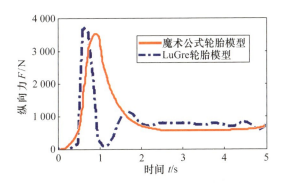

图2-12 纵向力对比曲线

根据图2-12中曲线可以看出,两种轮胎模型的曲线有相同的变化趋势,但采用LuGre轮胎模型表示的纵向力随时间变化的曲线有一定的波动。

2.3 轮胎模型参数辨识

参数辨识是以试验数据和建立的模型为基础选择一组参数值,使得该模型输出的数值计算结果能够较好地和试验数据拟合,从而为实际的生产过程提供相应的理论指导方法。常用的系统辨识方法主要有经典系统辨识方法和现代系统辨识方法,应用广泛并且发展相对成熟的是经典系统辨识方法,具有代表性的有阶跃响应法、最小二乘法、频率响应法和极大似然法;现代系统辨识方法主要有集员系统辨识法、神经网络系统辨识法和智能算法系统辨识法等。现阶段,一些智能的算法得到了广泛应用,如遗传算法、粒子群算法和蚁群算法等。上遗传算法是现代系统辨识方法的典型代表。

2.3.1 遗传算法

遗传算法是通过模拟达尔文生物进化论的自然进化过程最终达到探索最优解的目的的方法,是基于遗传学机理生物进化过程的一种计算模型。遗传算法的设计思想是基于生物进化中"适者生存"的自然规律,把对问题的求解过程模拟成群体间适者生存的过程,群体间通过不断的进化而产生新的群体,最终适应环境的生存下来,该过程对应于在求解过程中不断找出问题的新解,从而得到问题最优解的过程。

在求解问题时,遗传算法按照一定的编码方式来表现实际问题的求解空间,即把求解空间中的各个解都进行相应的编码。把各个解用一定数目的字符串("0"和"1")来表示就是解的编码,字符串中每个数等同于遗传基因,每个字符串也就是每个解的编码称为一个染色体或者个体,所有个体的集合称为群体。所谓遗传算法寻求最优解就是通过染色体相互结合即解的编码发生相应的变化,最终达到选取最优解的目的的过程。表遗传算法与生物遗传基本概念相对应的应用见表2-5。

表2-5 遗传算法和生物遗传基本概念相对应的应用

生物遗传基本概念	遗传算法中的应用
个体和群体	解和解的空间
染色体和基因	解的编码和编码字符串中的元素
适者生存	具有最好适应度的值生存的可能性最大

续表 2-5

生物遗传基本概念	遗传算法中的应用
种群	根据适应度的函数选定的一组解
交配和变异	遗传算子,一种产生新解的方法

(1)遗传算法的构成要素。

①染色体的编码。

遗传算法用二进制字符串表示个体,由二进制符号集{0,1}组成其等位基因,群体中初始个体的基因由随机产生的二进制符号所表示。

②个体适应度评价。

当代群体中的个体遗传到下一代群体的概率是由遗传算法和个体适应度成正比的概率来决定的,因此要求个体的适应度必须大于等于零,才能保证概率的正确性。

③遗传算子。

基本遗传算法中主要使用比例选择算子、单点交叉算子和均匀变异算子三种遗传算子。其中,比例选择算子主要应用在选择运算中,它能够确定当代群体遗传到下一代群体中的数量,并且在当代群体中选择一些优良的个体,使之能够复制到下一代中。

④运行参数。

应用遗传算法之前需要先确定四个运行参数,即 M:群体大小,一般取为 $20\sim100$;G:算法的终止进化代数,一般取为 $100\sim500$;P_c:交叉概率,一般取为 $0.4\sim0.99$;P_m:变异概率,一般取为 $0.0001\sim0.1$。

(2)遗传算法的特点和计算步骤。

①遗传算法的主要特点。

a. 可行解用编码表示,具有广泛性。

b. 同时进行求解空间的多点搜索策略,隐含并行性,搜索效率高。

c. 运算使用概率搜索,过程具有灵活性。

d. 用目标函数作为搜索信息,将搜索范围集中,善于处理复杂问题和非线性问题。

e. 不需要辅助信息,不易陷入局部最优的困扰。

f. 具有可扩展性,可以结合其他技术一起使用。

g. 具有并行计算的特点,通过大规模计算可提高计算速度,将复杂问题简单化。

② 用遗传算法求解问题的基本步骤。

a. 确定寻优参数,对其进行编码,需设置编码长度。

b. 随机产生一组初始解(个体)构成初始种群,初始种群的规模就是看初始种群中有多少个体,在设计遗传算法时,通常取值为 20~100。

c. 计算种群中个体目标函数值及适应度函数值,适应度函数的定义方式根据问题的不同有所不同。

d. 根据个体的适应度函数值,采用一定的选择方法,从种群中选择适应度较大的个体,这些个体的集合称之为匹配集,该选择的过程体现了适者生存原则。

e. 匹配集中的个体进行交叉和变异,产生新的个体,得到新的种群。

f. 判断是不是满足算法收敛的规则,若满足则停止遗传,否则返回步骤 c。

根据以上步骤,得出遗传算法的流程图,如图 2-13 所示。

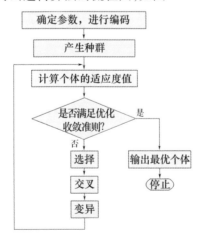

图 2-13 遗传算法的流程图

(3)应用遗传算法的前提条件。

由于 LuGre 轮胎模型是动态轮胎摩擦模型,可以用来表述轮胎在摩擦环节时的动态特性,但是不能直接测量出轮胎内部的摩擦状态,并且模型的静态参数和动态参数之间有一定的关联性,所以对该模型进行参数辨识有一定的难度。而遗传算法不要求解决对象的具体模型信息就能够很好地解决这种非线性问题,目前已得到广泛应用,所以本书采用遗传算法作为工具进行模型的参数辨识。

在进行轮胎性能试验时,车速、路况、轮胎的充气压力及空气阻力会对试验结果产生一定的影响,在研究时,为了简化对模型参数辨识的难度,做出下列假设:

①载荷不变的情况下,车辆的车速和轮速都是恒定的。

②忽略路面的不平度,假设车辆是在平坦的路面上行驶,和行驶动力学有关的垂向力及耦合作用忽略不计。

③载荷沿侧向均匀分布,不考虑轮胎宽度产生的影响。

④包含悬架在内的车辆结构认为是刚性结构,垂直载荷直接作用在车轮上。

⑤忽略空气阻力和轮胎的充气压力等因素对试验产生的影响。

⑥根据已有的研究,认为轮胎的纵向和侧向参数相差不大,本书认为两者数值相等,在进行参数辨识时,我们只对纵向轮胎参数进行研究。

本书采用遗传算法对轮胎模型进行参数辨识时,选择已有的数据作为参考,然后对系统进行恒速追踪,进而得到一组摩擦力数值,并以此作为实际数据来进行对比测试。

2.3.2 LuGre 轮胎模型参数辨识

对 LuGre 轮胎模型的参数进行辨识时,首先在轮胎模型处于稳态条件时,建立相应的模型,得出静态参数 μ_C、μ_s;然后用辨识得到的静态参数估计值代替实际值,重新建立新的模型,并设计遗传算法;最后得到动态参数 σ_0、σ_1。

(1)静态参数辨识。

LuGre 轮胎模型在稳定状态时,$\mathrm{d}z/\mathrm{d}t=0$,设车辆在干沥青路面行驶,则路面摩擦系数取值为 0.8,式(2-6)可以改写为

$$z = \frac{0.8g(v_r)}{\sigma_0}\mathrm{sgn}(v_r) \qquad (2-31)$$

式(2-7)可以简化为

$$F_s = (\sigma_0 z + \sigma_2 v_r) \cdot F_n \qquad (2-32)$$

式中 θ——车轮转角,rad;

v_r——相对速度,$v_r = r\dot{\theta} - v$。

联合式(2-31)和式(2-32),可以推导出车轮在稳定状态时与地面的摩擦力,即

$$F_s = 0.8 \cdot \{\mu_C + (\mu_s - \mu_C)\mathrm{e}^{[-(r\dot{\theta}-v)/v_s]^{0.5}}\} \cdot \mathrm{sgn}(r\dot{\theta}-v)F_n + \sigma_2(r\dot{\theta}-v)F_n$$
$$(2-33)$$

其中,$F_n = \frac{1}{4}mg$,其余参数取值同式(2-2)~(2-4)。

在遗传算法程序中,对闭环系统采用一组恒定速度跟踪,能够得到一组相对应的控制输入信号以及相对应的稳态条件下的摩擦力,取需要辨识的静态摩擦参数值为个体,每一步均经过遗传算法进行迭代后所得的参数的辨识值为

$$\hat{x}_m[\mu_C, \mu_s], \quad m = 1, 2, \cdots, M$$

式中 M——种群规模。

取辨识误差为 $e_i = F_s^i - \hat{F}_s^i (i = 1, 2, \cdots, N)$,目标函数为

$$J_m = \sum_{i=1}^{N} e_i^2 = \sum_{i=1}^{N}(F_s^i - \hat{F}_s^i), \quad m = 1, 2, \cdots, M \qquad (2-34)$$

定义个体适应度函数为

$$\begin{cases} C_{\max} = \max J_m \\ f_m = C_{\max} - J_m \end{cases}, \quad m = 1, 2, \cdots, M \qquad (2-35)$$

在本次参数辨识中,具体的遗传算法的步骤是:

①设置进化代数计算器 $t=0$,设定最终进化代数,产生初始化种群 P_0。

②计算个体适应度函数 $f(X_i)(i=1,2,\cdots,M)$。

③判断进化代数是否达到了最终进化代数,如果达到,则算法计算终止;没有达到,则转向步骤④。

④通过选择操作,再产生新一代的种群 $P(t)$。

⑤采用概率 P_c 来进行交叉。

⑥采用概率 P_m 进行个体变异。

⑦使 $t=t+1$,然后转向步骤②。

上述七个步骤组成了用于辨识静态参数的实数编码遗传算法,确定运行计算的相应参数:群体 $M=100$,终止进化代数 $G=50$,交叉概率 $P_c=0.8$,变异概率 $P_m=0.10$。

在应用遗传算法时,为了减小参数的选取范围,避免盲目寻优,节省计算量,通常根据经验先选择一组对应的参数,然后根据遗传算法在参数的周围进行优化,将得到的辨识结果和经验选取的参数进行比较从而得到最优参数。

对车辆模型进行简化,简化后系统的运动方程为

$$\begin{cases} m\dot{v} = F \\ J\ddot{\theta} = T - rF \end{cases} \quad (2-36)$$

式中　m——系统模型的质量,kg;

　　　J——车轮转动惯量,kg·m²;

　　　r——车轮的滚动半径,m;

　　　v——车轮的轮心前进速度,m/s;

　　　T——车辆的驱动力矩,N·m;

　　　F——轮胎和地面之间的摩擦力,N。

根据式(2-36)建立 LuGre 轮胎模型和简化后的车辆运动模型关系,借助 MATLAB/Simulink 工具箱,建立的算法参考模型如图2-14所示。

设置恒定速度为 10 m/s,对模型进行仿真可以得到一组实际转速,将两者进行比较,速度追踪曲线如图2-15所示。

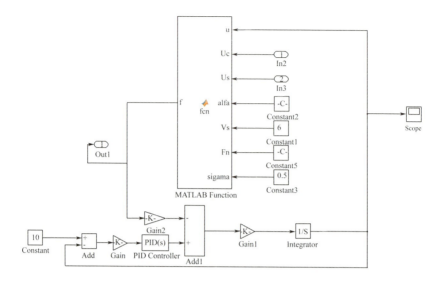

图 2-14　算法参考模型

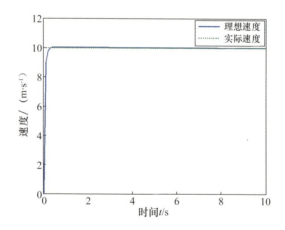

图 2-15　速度追踪曲线

利用遗传算法工具箱,将算法所需要的参数进行设置,运行算法之后可以对静态参数进行辨识,将根据遗传算法设计所得到轮胎和地面间摩擦力的辨识曲线与测试曲线进行比较,如图 2-16 所示。遗传算法辨识静态参数的过程及数值如图 2-17 所示。根据图 2-17,可以得到参数辨识值为 [0.837　1.45],最优目标函数值为 231.55。

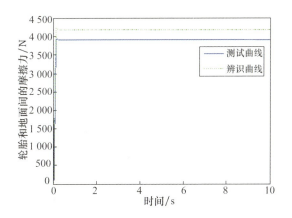

图2-16 轮胎和地面间摩擦力的辨识曲线与测试曲线对比

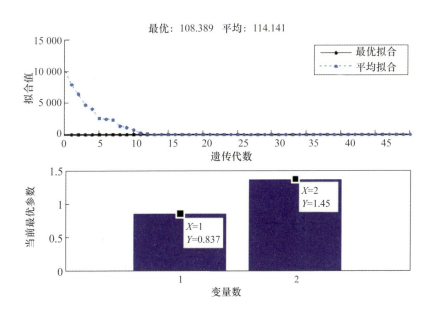

图2-17 遗传算法辨识静态参数的过程及数值

根据仿真结果可以看出,随着进化过程的不断进行,一些个体在群体中适应度较低,它们逐渐被淘汰。反之,适应度比较高的个体都随机分布在问题的最优解周围,等迭代次数完毕,可以很快得到相应问题的最优解。

设定模型的恒定速度分别为15 m/s、20 m/s、25 m/s,对模型都采用遗传算法进行参数辨识,辨识静态参数的过程及数值如图2-18所示。

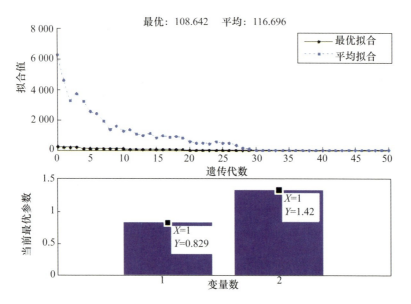

(a) 恒定速度为15 m/s时遗传算法辨识静态参数的过程及数值

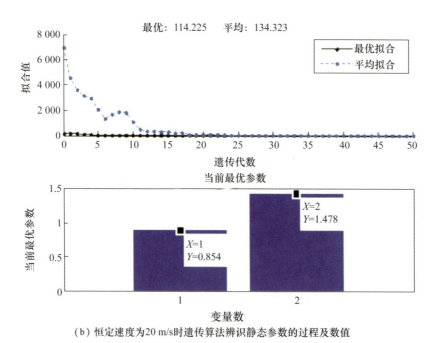

(b) 恒定速度为20 m/s时遗传算法辨识静态参数的过程及数值

图 2-18　不同速度时遗传算法辨识静态参数的过程及数值

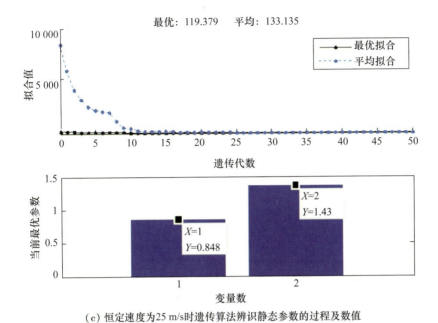

(c)恒定速度为25 m/s时遗传算法辨识静态参数的过程及数值

续图 2–18

对比图 2–18 中不同速度时的静态参数辨识数值可以看出,系统恒定速度取不同数值时,库仑摩擦系数和静摩擦系数的辨识值相差不大,由此说明系统的运行速度对模型的参数辨识精度影响很小,认为车辆的运行速度对轮胎的侧向力和纵向力无影响,进行整车动力学仿真时静态参数数值可以选择同一组参数值。

(2)动态参数辨识。

辨识动态参数时,需要用到上一步的静态辨识参数的数值,建立模型所依据的公式为

$$F_s = [\sigma_0 z + \sigma_1 \dot{z} + \sigma_2 (r\dot{\theta} - v)] \cdot F_n \qquad (2-37)$$

$$\dot{z} = (r\dot{\theta} - v) - \frac{\sigma_0 |r\dot{\theta} - v|}{0.8 \cdot g(v_r)} \cdot z \qquad (2-38)$$

$$g(v_r) = \mu_C + (\mu_s - \mu_C) e^{-|v_r/v_s|^{0.5}} \qquad (2-39)$$

参数的赋值同静态参数辨识时的取值,建立动态参数辨识模型时所采

用的 PID 控制规律为：$u = k_p e + k_d \dot{e} + k_i \int e \mathrm{d}t$，其中，$k_p$ 是比例常数，k_d 是微分常数，k_i 是积分常数。

根据式(2-37)~(2-39)在 MATLAB/Simulink 中建立的动态参数辨识所用模型如图 2-19 所示，模型包含一个子系统，该子系统是把计算摩擦力的模块进行封装得到的。

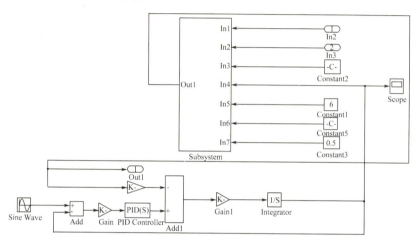

图 2-19　动态参数辨识所用模型

由于该仿真进行的是动态识别过程，为了获得较好的动态特性，在选择参数的最小目标函数时，把误差的绝对值相对时间积分，以此性能指标为基准确定目标函数，并且为了减小控制能量，把控制输入 $u(t)$ 的平方项加入到目标函数中，最终确定的目标函数为

$$J = \int_0^\infty [\tau_1 \mid e(t) \mid + \tau_2 u^2(t)] \mathrm{d}t \qquad (2-40)$$

式中　$e(t)$——系统的误差，$e(t) = F_d(t) - F(t)$，其中，$F_d(t)$ 为理想的信号；$F(t)$ 为实际对象的输出信号；

τ_1、τ_2——权值，$\tau_1 = 0.999$，$\tau_2 = 0.001$。

借助 MATLAB/Simulink 遗传算法工具箱，输入对应的参数，我们设定算法的群体大小 $M=100$，进化代数 $G=50$，交叉概率 $P_c=0.6$，变异概率 $P_m=0.10$，采用的 PID 控制参数分别取值如下：$k_p=100$，$k_d=10$，$k_i=0.5$，在动态参数辨识过程中,设定系统速度输入为正弦输入,最大速度为20 m/s,设一个周期为40 s,取1/4周期作为研究对象,根据模型得到的动态速度追踪曲线如图2-20所示。

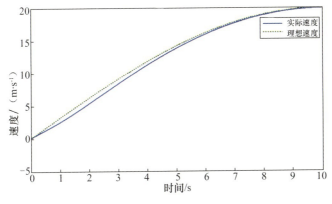

图2-20　动态速度追踪曲线

系统经过交叉、变异等过程,得到最优目标函数值为485.904,动态参数辨识值为[213.75　1.103],遗传算法辨识动态参数的过程及数值如图2-21所示。

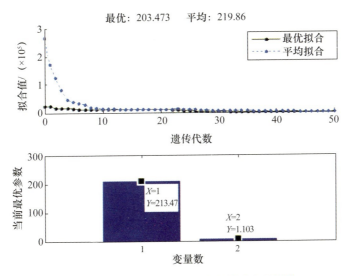

图2-21　遗传算法辨识动态参数的过程及数值

39

类似于静态参数辨识,对于动态系统速度输入,最大速度分别设置为 15 m/s、25 m/s 时,周期都为 40 s,取 1/4 个周期作为研究对象,得到正弦输入最大值不同时遗传算法的辨识过程及数值如图 2-22 所示。

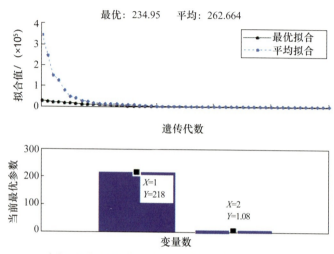

(a) 正弦输入最大速度为 15 m/s 时遗传算法的辨识过程及数值

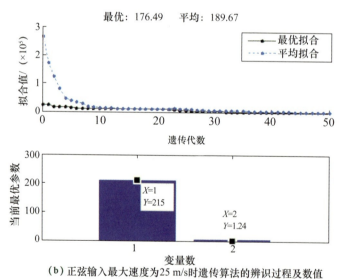

(b) 正弦输入最大速度为 25 m/s 时遗传算法的辨识过程及数值

图 2-22 正弦输入最大值不同时遗传算法的辨识过程及数值

根据图 2-22 中不同速度时的参数辨识值可以看出,速度对参数数值的影响很小,可以将速度对于模型动态参数的影响忽略不计。下一节会针对不同的参数值,具体分析取不同数值对模型精度的影响。

分别取一组静态数值和一组动态数值,根据辨识得到的参数即可对轮胎纵向力和侧向力进行计算,辨识参数结果见表2-6。

表2-6 辨识参数结果

参数	数值	单位
轮胎纵向刚度系数 σ_0	213.75	m^{-1}
轮胎纵向阻尼系数 σ_1	1.103	m^{-1}
库仑摩擦系数 μ_C	0.837	—
静摩擦系数 μ_s	1.45	—

(3)模型参数分析。

轮胎作为车辆和路面唯一接触的部分,其纵滑特性和路面的附着特性影响着车辆行驶中的驱动及制动性能,通常用 $\mu-s$ 曲线(轮胎/路面摩擦系数和滑移率曲线)来描述轮胎和地面附着性的好坏。由于路面和轮胎自身的特性在运动过程中不断变化,系统的模型参数也随之发生变化,因此有必要对模型参数进行分析。本书选取了辨识参数值附近的几个点进行比较,分析各参数对滑移率的影响。

根据LuGre分布式轮胎模型,推导出轮胎模型 $\mu-s$ 关系式为

$$\mu(s) = \theta \cdot g(s)[1 - z_s \cdot (1 - e^{-L/z_s})/L] + \sigma_2 \cdot r\omega s/(1-s) \quad (2-41)$$

$$z_s = \theta \cdot g(s)(1-s)/(\sigma_2 \cdot s) \quad (2-42)$$

$$g(s) = \mu_C + (\mu_s - \mu_C) \cdot e^{-\sqrt{r\omega s/[v_s \cdot (1-s)]}} \quad (2-43)$$

其中,滑移率 $s \in (0,1)$。

当在研究模型中的某个参数变化对滑移率产生影响时,我们假设其余的参数不会发生变化,模型 $\mu - s$ 曲线只随单参数的变化而发生变化。由于轮胎纵向阻尼系数 σ_1 对 $\mu - s$ 曲线无影响,本书选取其余几个模型参数和路面条件的变化,对参数值附近的几个点进行比较分析。

① μ_c 对 $\mu - s$ 曲线的影响。

轮胎模型取不同库仑摩擦系数时的摩擦系数 – 滑移率($\mu - s$)曲线如图 2 – 23 所示。由图 2 – 23 曲线可以看出,μ_c 对 $\mu - s$ 曲线的影响主要集中在滑移率为 $0.2 \sim 1$ 之间,对较低滑移率($0 \sim 0.1$)的影响很小。随着数值的增加,模型摩擦系数的峰值逐渐增大,$\mu - s$ 曲线呈现上移的趋势。当滑移率较大时,摩擦系数的差值比较大,在 0.2 左右,由于车辆在正常行驶时,滑移率通常维持在较低的范围之内,此时的摩擦系数差别基本保持在 0.1,因此可以认为,不同库仑摩擦系数对模型的精度影响不大。

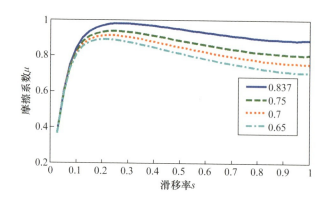

图 2 – 23 轮胎模型取不同库仑摩擦系数时的 $\mu - s$ 曲线

② μ_s 对 $\mu - s$ 曲线的影响。

轮胎模型取不同静摩擦系数时对摩擦系数 – 滑移率($\mu - s$)曲线的影响如图 2 – 24 所示。根据图 2 – 24 的曲线可以看出,不同静摩擦系数主要影响中低滑移率时摩擦系数的数值。随着 μ_s 的增大,峰值摩擦系数逐渐增大,整体曲线也表现出上移的趋势。总体来说,滑移率在 $0 \sim 1$ 变化时,摩擦系数的差值变化控制在 0.1 之间,所以,静摩擦系数对模型精度的影响也比较小。

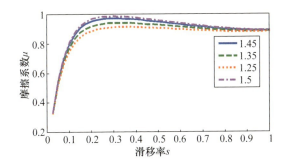

图 2-24　轮胎模型取不同静摩擦系数时的 μ-s 曲线

③ σ_0 对 μ-s 曲线的影响。

当轮胎模型其他参数取值不变，轮胎纵向刚度系数发生变化时，对摩擦系数-滑移率曲线产生的影响如图 2-25 所示。

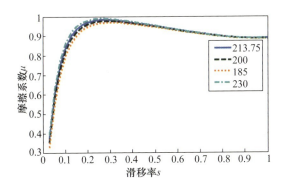

图 2-25　轮胎纵向刚度系数不同时的 μ-s 曲线

由图 2-25 曲线可以看出，轮胎纵向刚度系数的变化对 μ-s 曲线的影响主要表现在摩擦系数峰值的变化上，对滑移率 0.1~0.3 范围内的影响比较集中。随着 σ_0 取值的增大，峰值摩擦系数变大，但是相对应的滑移率数值有减小的趋势。除此之外，在中高段滑移率时，μ-s 曲线基本重合。总之，轮胎纵向刚度系数对摩擦系数造成的影响很小，误差最大为 0.05，且 μ-s 曲线重合较多，所以轮胎纵向刚度系数对模型精度的影响很小。

④ θ 对 $\mu-s$ 曲线的影响。

轮胎/路面间附着系数在冰、雪、湿、干沥青路面取值依次为0.1、0.2、0.6、0.8。当轮胎模型参数取值不变时,不同路面条件时 $\mu-s$ 曲线如图2-26所示。

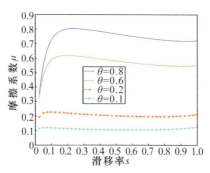

图2-26 不同路面条件时的 $\mu-s$ 曲线

由图2-26曲线可以看出,摩擦系数受路面条件的影响非常大。其具体的表现为:当路面附着系数逐渐增大时,对应的摩擦系数的峰值增加速度较快,并且峰值系数对应的滑移率数值向左偏移,$\mu-s$ 曲线整体变化趋势是向上偏移的,且幅度比较大。总体来说,摩擦系数滑移率曲线对路面的敏感性强,整体变化趋势符合实际试验结果。

综合以上的模型参数分析可以得出,LuGre轮胎模型的参数拟合误差对模型的预测结果影响不大,本节辨识得到的参数可以用来计算轮胎的纵向力和侧向力。整车动力学模型中包含轮胎力计算模块,并且整车动力学模型各模块之间有一定的影响,根据轮胎模型计算得到的轮胎力对模型不同模块的输入和输出有相应的影响。参数辨识所需模型主要根据车辆的动力学方程建立相对应的参考模型,轮胎内部的结构和建立动态模型所需要的参数没有直接关系,故本书不予考虑。

2.4 LuGre轮胎模型的应用及验证

车辆动力学建模可以用来描述车辆的动力学特性,能够预测车辆的性能并以此为依据提出设计方案,在车辆的开发过程中,研究人员通过对车辆进行动力学仿真试验得到车辆的一些参数,以此为基础再进行优化。轮胎模型的精度将对车辆动力学建模产生影响,所以有必要将前文研究的轮胎模型进行验证,以确保所建轮胎模型的实用性。

2.4.1 轮胎模型的动力学实现

车辆动力学是把车辆看作一个动态系统,研究车辆在受到力及力矩作用时的动态响应特性,然后分析上述响应特性对车辆各种性能的影响。对车辆进行仿真计算的前提是建立合理的数学模型,研究目的不同,用到的车辆模型也不尽相同。本书拟建立整车七自由度仿真模型,选择以转弯制动作为试验工况,对整车进行仿真试验分析。

(1)车辆坐标系。

类似于轮胎运动标准坐标系,描述车身运动也有 SAE 标准坐标系,如图 2 - 27 所示,标准坐标系就是图中所表现的固结于车身的 $O-xyz$ 坐标系,令坐标系中的原点 O 和车辆的质心重合,x 轴和 y 轴都平行于地面,x 轴指向车辆前进的方向,而 y 轴指向驾驶员的左侧方向,由右手法则判断 z 轴方向,垂直于地面并且通过车辆质心指向上。在标准坐标系中规定了运动变量速度和角速度等的符号,对车辆运动的六个自由度予以定义,包括沿 x 轴、y 轴、z 轴的平动和转动。

图 2 - 27　SAE 标准坐标系

(2)七自由度车辆动力学方程。

本书在进行研究时,为了方便,对实际车辆结构特性进行一定简化,在此做以下假设。

①前轮转角直接施加在车轮上;或认为转向系统是刚性的,有固定的传动比,输入通过转向盘施加给车轮。

②不考虑悬架的垂向作用。

③左右前轮转角相同。

④车辆绕 x 轴的侧倾角和绕 y 轴的俯仰角为零。

⑤车辆的四个轮胎的特性都相同。

⑥不考虑空气阻力及滚动阻力对车辆造成的影响。

基于以上假设条件,简化后的车辆动力学模型如图 2-28 所示。

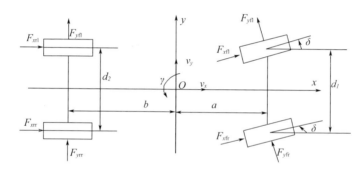

图 2-28 简化后的车辆动力学模型

根据牛顿定律,建立车辆动力学方程如下。

车辆纵向动力学方程:

$$m(\dot{v}_x - v_y\gamma) = (F_{xfl} + F_{xfr})\cos\delta - (F_{yfl} + F_{yfr})\sin\delta + F_{xrl} + F_{xrr}$$

(2-44)

车辆侧向动力学方程:

$$m(\dot{v}_y - v_x\gamma) = (F_{xfl} + F_{xfr})\sin\delta + (F_{yfl} + F_{yfr})\cos\delta + F_{yrl} + F_{yrr}$$

(2-45)

车辆横摆运动方程：

$$L_z\dot{\gamma} = a(F_{xfl} + F_{xfr})\sin\delta + \frac{1}{2}d_1(F_{xfr} - F_{xfl})\cos\delta + a(F_{yfl} + F_{yfr})\cos\delta +$$

$$\frac{1}{2}d_1(F_{yfl} - F_{yfr})\sin\delta - b(F_{yrl} + F_{yrr}) - \frac{1}{2}d_2(F_{xrl} - F_{xrr}) \quad (2-46)$$

车辆四个车轮的转动动力学方程：

$$J_w\dot{\omega}_{fl} = T_{dfl} - T_{bfl} + F_{xfl}R \quad (2-47)$$

$$J_w\dot{\omega}_{fr} = T_{dfr} - T_{bfr} + F_{xfr}R \quad (2-48)$$

$$J_w\dot{\omega}_{rl} = -T_{brl} + F_{xrl}R \quad (2-49)$$

$$J_w\dot{\omega}_{rr} = -T_{brr} + F_{xrr}R \quad (2-50)$$

式中　m——整车的质量，kg；

　　　v_y——车辆的侧向速度，m/s；

　　　v_x——车辆的纵向速度，m/s；

　　　γ——车辆的横摆角速度，rad/s；

　　　δ——前轮转角，rad；

　　　I_z——整车绕 z 轴的转动惯量，kg·m²；

　　　F_{xi}——四个车轮的纵向力，N，其中 i = fl，fr，rl，rr，分别表示车辆的左前轮、右前轮、左后轮和右后轮；

　　　F_{yi}——四个车轮的侧向力，N，其中 i = fl，fr，rl，rr，分别表示车辆的左前轮、右前轮、左后轮和右后轮；

　　　ω_i——四个车轮的角速度，rad/s，其中 i = fl，fr，rl，rr，分别表示车辆的左前轮、右前轮、左后轮和右后轮；

　　　T_{bi}——四个车轮上的制动力矩，N·m，其中 i = fl，fr，rl，rr，分别表示车辆的左前轮、右前轮、左后轮和右后轮；

　　　J_w——轮胎的转动惯量，kg·m²；

　　　a——质心到前轴的距离，m；

　　　b——质心到后轴的距离，m；

　　　d_1——前轴轮距，m；

d_2——后轴轮距,m;

R——车轮滚动半径,m。

车辆在运动时,轮胎所受的垂直载荷包括静载荷和动载荷,车辆运动时产生的纵向加速度和侧向加速度会影响动载荷,因此,动载荷随着车辆工况的不同而发生变化。轮胎的侧向力受垂直载荷影响比较大,所以在建立轮胎模型时有必要将垂直载荷的变化考虑在内。本书在研究时,忽略车辆所受侧向风以及路面不平度的影响,四个车轮所受的垂直载荷可用以下公式表示:

$$F_{zfl} = \frac{m}{l}\left(\frac{gb}{2} - \frac{a_x h}{2} - \frac{a_y hb}{d_1}\right) \quad (2-51)$$

$$F_{zfr} = \frac{m}{l}\left(\frac{gb}{2} - \frac{a_x h}{2} + \frac{a_y hb}{d_1}\right) \quad (2-52)$$

$$F_{zrl} = \frac{m}{l}\left(\frac{ga}{2} + \frac{a_x h}{2} - \frac{a_y ha}{d_2}\right) \quad (2-53)$$

$$F_{zrr} = \frac{m}{l}\left(\frac{ga}{2} + \frac{a_x h}{2} + \frac{a_y ha}{d_2}\right) \quad (2-54)$$

式中　F_{zi}——四个车轮所受的垂直载荷,N,其中 i = fl,fr,rl,rr;

g——重力加速度,m/s^2,本书取值9.8;

l——车辆的轴距,m,$l = a + b$;

h——车辆的质心高度,m;

a_x——车辆质心处的纵向加速度,m/s^2,$a_x = \dot{v}_x - v_y \gamma$;

a_y——车辆质心处的侧向加速度,m/s^2,$a_y = \dot{v}_y - v_x \gamma$。

在车辆坐标系中,四个车轮中心的速度可分别表示为

$$v_{xfl} = v_x - \frac{d_1}{2}\gamma \quad (2-55)$$

$$v_{yfl} = v_y + a\gamma \quad (2-56)$$

$$v_{xfr} = v_x + \frac{d_1}{2}\gamma \quad (2-57)$$

$$v_{yfr} = v_y + a\gamma \quad (2-58)$$

$$v_{xrl} = v_x - \frac{d_2}{2}\gamma \quad (2-59)$$

$$v_{yrl} = v_y - b\gamma \quad (2-60)$$

$$v_{xrr} = v_x + \frac{d_2}{2}\gamma \quad (2-61)$$

$$v_{yrr} = v_y - b\gamma \quad (2-62)$$

车辆在转弯时,设左前轮和右前轮的转角相同。以左前轮为例,对车轮当时的运动状态进行分析,如图 2-29 所示,则左前轮的侧偏角可表示为

$$\alpha_{fl} = \delta - \arctan\frac{v_{yfl}}{v_{xfl}} = \delta - \arctan\frac{v_y + a\gamma}{v_x - \frac{d_1}{2}\gamma} \quad (2-63)$$

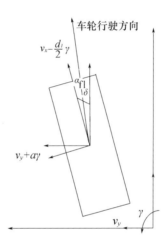

图 2-29 车辆转弯时左前轮的运动状态

同理可以得到其他三个车轮的侧偏角:

$$\alpha_{fr} = \delta - \arctan\frac{v_{yfr}}{v_{xfr}} = \delta - \arctan\frac{v_y + a\gamma}{v_x + \frac{d_1}{2}\gamma} \quad (2-64)$$

$$\alpha_{rl} = -\arctan\frac{v_{yrl}}{v_{xrl}} = -\arctan\frac{v_y - b\gamma}{v_x - \frac{d_2}{2}\gamma} \quad (2-65)$$

$$\alpha_{rr} = -\arctan\frac{v_{yrr}}{v_{xrr}} = -\arctan\frac{v_y - b\gamma}{v_x + \frac{d_2}{2}\gamma} \quad (2-66)$$

四个车轮轮心在轮胎坐标系下的前进速度可表示为

$$v_{\mathrm{wfl}} = \left(v_x - \frac{d_1\gamma}{2}\right)\cos\delta + (v_y + a\gamma)\sin\delta \qquad (2-67)$$

$$v_{\mathrm{wfr}} = \left(v_x + \frac{d_1\gamma}{2}\right)\cos\delta + (v_y + a\gamma)\sin\delta \qquad (2-68)$$

$$v_{\mathrm{wrl}} = \left(v_x - \frac{d_2\gamma}{2}\right) \qquad (2-69)$$

$$v_{\mathrm{wrr}} = \left(v_x + \frac{d_2\gamma}{2}\right) \qquad (2-70)$$

综上,推导了建立整车动力学模型所需要的表达式,下一小节依据表达式建立车辆动力学仿真模型。

2.4.2 仿真模型的建立

图形建模是人工根据力学原理完成建模的过程,计算过程采用专门的软件,比较典型的应用有 MATLAB、ACSL 模拟语言和 MATRIX 仿真语言等。MATLAB 是一个比较开放的系统,运用 Simulink 工具箱进行建模,可以把功能模块化,模块可以用鼠标直接进行拖放,对每个子模块的参数进行修改时不影响其他模块的运行,方便系统扩展。基于 Simulink 中有线性与非线性模块,可以用来建立车辆动力学的系统模型。在本次研究中,先把各模块进行编辑,封装成子系统,最后连接组成整车动力学模型。

(1)车身模块。

车身模块的主要功能是根据车轮转角、轮胎的侧向力和纵向力,计算车辆当时的状态参数,输出为车辆的侧向速度、纵向速度和横摆角速度,该模块是整车动力学建模中非常重要的模块之一,可以体现出 MATLAB/Simulink 建模的思想,根据动力学方程所建立的车身动力学仿真模型如图 2-30 所示。

(2)轮胎力计算模块。

本书在计算车轮的纵向力和侧向力时,利用的是 LuGre 动态轮胎模型,轮胎模块的主要目的是计算车辆在运动时的实时侧向力和纵向力。根据式

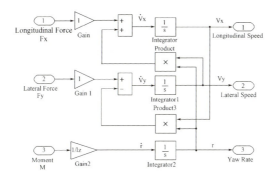

图 2-30 车身动力学仿真模型

(2-29)可计算轮胎的侧向力和纵向力。以左前轮为例,根据表达式所建立的轮胎纵向力和侧向力计算模块如图 2-31 所示。

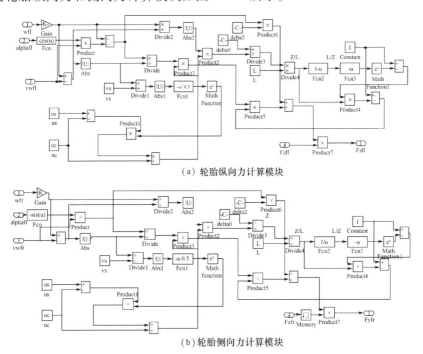

(a)轮胎纵向力计算模块

(b)轮胎侧向力计算模块

图 2-31 轮胎纵向力和侧向力计算模块

(3)车轮侧偏角计算模块。

车轮侧偏角对于轮胎的侧向力有很大的影响,在通常的坐标系中,负的侧偏角会产生相反的力,即正轮胎侧向力。根据式(2-63)~(2-66)建立的车轮侧偏角计算模块如图2-32所示。

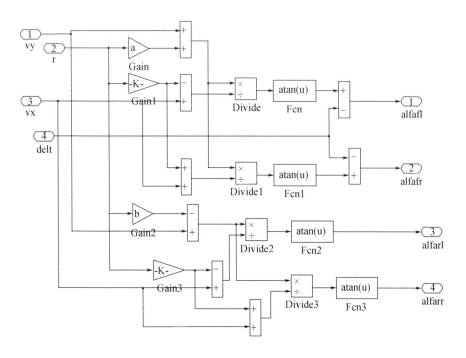

图 2-32 车轮侧偏角计算模块

(4)垂直载荷计算模块。

车辆转向时,内侧轮胎所受的垂直载荷减小,外侧轮胎所受的垂直载荷增大;车辆在制动时,前轮所受的垂直载荷增大,后轮所受的载荷减小。根据式(2-51)~(2-54)所建立的车轮垂直载荷计算模块如图2-33所示。该模块输入为车辆的纵向加速度和侧向加速度,输出为四个车轮的动载荷。

(5)整车仿真模型。

本书根据前面章节建立的各个计算模块,对模块之间进行相对应的参数连接,构建对车辆进行仿真所需要的模型,建立的整车动力学模型如图2-34所示。由图可以很容易看出系统模型计算模块之间的连接情况,为后面对车辆的仿真奠定了基础。

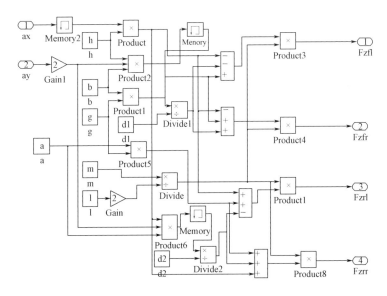

图 2-33 车轮垂直载荷计算模块

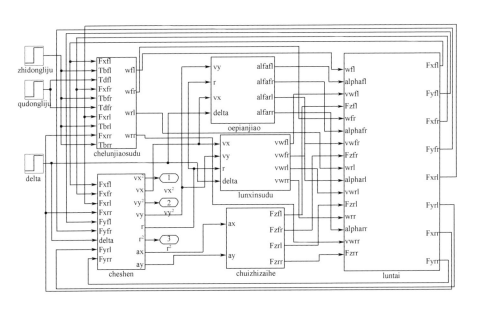

图 2-34 整车动力学模型

2.4.3 整车模型初步仿真

根据上一小节在 MATLAB/Simulnk 中建立的整车动力学模型,对其进行转弯制动仿真分析,通过分析车辆运行状态的变化趋势,研究车辆的转弯制动特性。根据奇瑞某型车的基本参数和辨识得到的轮胎模型的参数,得到仿真模型所需参数,见表 2-7。

表 2-7 仿真模型所需参数

参数名称	数值	单位	参数名称	数值	单位
整车质量 m	1 385	kg	车轮转动惯量 J_w	1.2	kg·m^2
车轮滚动半径 R	0.307	m	车辆横摆转动惯量 I_z	2 066	kg·m^2
质心到前轴距离 a	1.114	m	轮胎纵向刚度系数 σ_0	213.75	m^{-1}
质心到后轴距离 b	1.436	m	轮胎纵向阻尼系数 σ_1	1.103	m^{-1}
前后轴距 l	2.550	m	轮胎相对黏滞阻尼系数 σ_2	0.000 5	s/m
前轮轮距 d_1	1.540	m	库仑摩擦系数 μ_C	0.837	
后轮轮距 d_2	1.530	m	静摩擦系数 μ_s	1.45	
质心高度 h	0.52	m	Stribeck 摩擦效应速度 v_S	6	m/s
轮胎接地印迹长度 L	0.21	m	重力加速度 g	9.8	m/s^2

仿真输入条件如图 2-35 所示。车辆以速度为 54 km/h(15 m/s)的速度匀速前进,在 1 s 时,设定前轮转角输入为 5°,如图 2-35(a)所示,角传动比为 18,此时的转向盘转角为 90°;给四个车轮施加相同的制动力矩,大小是 600 N·m,如图 2-35(b)所示,假设在转弯制动的瞬间,车辆驱动力矩突变为零,取仿真时间为 6 s。

本章选取几个能够用来描述车辆运动特性的性能指标,如车辆纵向速度、侧向速度、横摆角速度和质心侧偏角,并对车辆的运行状态进行分析。

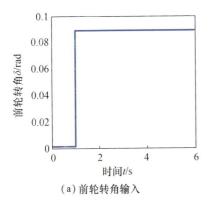
(a) 前轮转角输入

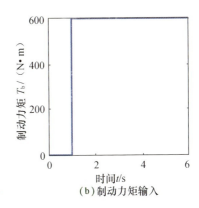
(b) 制动力矩输入

图 2-35 仿真输入条件

车辆在转弯制动过程中纵向速度和侧向速度随时间的变化曲线如图 2-36 所示。由图中曲线的变化趋势可以看出，车辆的纵向速度逐渐减小直至车速减为零。车辆的纵向速度在 4 s 之后出现类似于波浪线的变化趋势，体现出了速度变化的动态特性，其是稳态模型所不能描述的；侧向速度在转弯开始时瞬间增大到最大值，然后减小，发生波动，最后数值为零，车辆停止，在这个过程中，曲线也呈现出波浪状，这正是 LuGre 动态轮胎模型的特点。

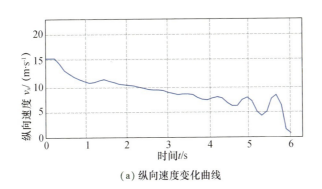
(a) 纵向速度变化曲线

图 2-36 纵向速度和侧向速度随时间的变化曲线

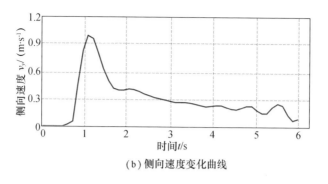

(b)侧向速度变化曲线

续图 2-36

横摆角速度和质心侧偏角随时间的变化曲线如图2-37所示,由图中曲线看出,在转弯开始的瞬间,前轮输入导致横摆角速度增大,到达最大值后随着车速的降低而减小;由于车轮侧偏角的产生导致质心侧偏角有一定的波动,质心侧偏角逐渐增大,随着时间的变化,之后不再发生改变,车辆不会再发生大的波动。在这个过程中,曲线具有波动性,同样体现出运动过程中的动态特性,证明本书研究的动态轮胎模型是适用的。

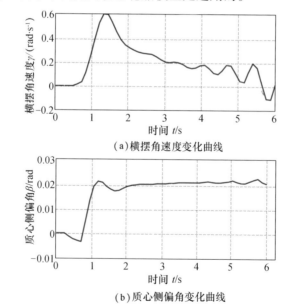

(a)横摆角速度变化曲线

(b)质心侧偏角变化曲线

图 2-37 横摆角速度和质心侧偏角随时间的变化曲线

综合以上,本书建立的 LuGre 动态轮胎模型在整车动力学模型得到实现,并通过对转弯制动工况进行了仿真分析,证明了建立的模型的可行性。

2.4.4　LuGre 动态轮胎模型与魔术公式模型对比

基于 ADAMS/Car 建立整车模型,采用魔术公式轮胎模型,可以用来对 LuGre 轮胎模型进行验证,对在 MATLAB/Simulink 中创建的整车模型和在 ADAMS/Car 中生成的整车模型分别进行转向盘角阶跃输入试验和双移线输入试验,比较横摆角速度和质心侧偏角等试验结果是否一致,间接对本书研究的轮胎模型进行验证。

(1)试验工况。

①转向盘角阶跃输入试验。

整车模型以 72 km/h 的试验车速沿直线行驶,零时刻给车辆一个转角输入(起跃时间为 0.01 s),保持转角不变,汽车将进入转弯运动状态。车辆在短时间之后做等速圆周运动,此时的状态称为转向盘角阶跃输入下进入的稳态响应,记录车辆的运动状态,即观察横摆角速度和质心侧偏角等运动参数的变化过程。

②双移线输入试验。

通过 ADAMS/Car 环境下的命令"Simulate-Full Vehicle Analysis-File Driven Events",生成控制文件,并在"Simulate-Full Vehicle – Driven Control Files"中调用,设置车辆前进速度为 50 km/h,进行车辆运动仿真,对比横摆角速度和质心侧偏角的变化。

(2)LuGre 轮胎模型的验证。

①转向盘角阶跃输入试验。

ADAMS/Car 的整车模型中,转向盘转角的模型输入如图 2 – 38 所示,给定的输入为转向盘转角,而不是前轮转角。实际过程中,转向系统的角传动比比值为 18,所以在 MATLAB/Simulink 中,前轮转角输入实际为 3.33°。

对两种模型都进行转向盘角阶跃输入试验,设置仿真时间为 10 s,本书选取横摆角速度、质心侧偏角和侧向速度三个变量,把相同状态的变量随时

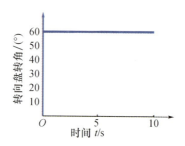

图 2-38 转向盘转角的模型输入

间变化的曲线绘制在同一个图中,得到的车辆运动参数随时间变化的曲线如图 2-39 所示。

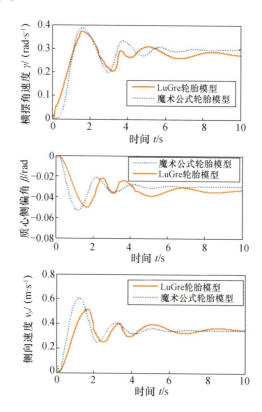

图 2-39 车辆运动参数随时间变化的曲线

由图 2-39 可以看出,两种轮胎模型下,三个状态变量的变化趋势基本相同,说明LuGre轮胎模型具有一定的有效性,能够用来对整车的操纵稳定性进行仿真分析。两种轮胎模型曲线有一定的差别,相对来说,LuGre轮胎模型有轻微的波动性,说明该模型可以描述车辆运动过程中的动态特性。横摆角速度和侧向速度的数值会有一定的误差,造成这种误差的原因是在建立车辆七自由度整车模型时,对车辆进行了简化,没有考虑滚动阻力、空气阻力及垂向振动的影响。

质心侧偏角存在一定的滞后,原因可能是在计算轮胎力时,由于稳态模型计算的轮胎力和动态轮胎模型计算的轮胎力相差不大,本书认为两者数值相等,故存在一定的偏差。

由于在转弯时,没有对制动力矩和驱动力矩进行控制,因此有误差存在,需要进行更深层次的研究。

②双移线输入试验。

根据双移线仿真试验的输入条件,得到转向盘转角的输入如图2-40所示。由图可知,转向盘转角的最大值为100°,根据转向系统的传动比,可以得到,前轮转角最大为5.56°。

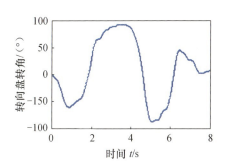

图2-40 双移线输入试验转向盘转角的输入

给两个模型同样的输入之后,设置仿真时间为8 s,运行速度为50 km/h,比较横摆角速度、质心侧偏角和侧向速度随时间的变化趋势。双移线输入试验工况下运动参数随时间变化的曲线如图2-41所示。

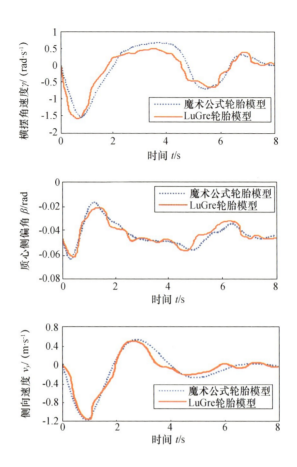

图 2-41 双移线输入试验工况下运动参数随时间变化的曲线

由图 2-41 可以看出,车辆的三个状态变量的总体趋势一致,并且拟合效果较转向盘角阶跃输入试验好,分析其原因,可能是转向盘转角不大且车辆的速度低,车辆运行平稳。采用 LuGre 轮胎模型的运动参数的曲线表现出一定的波动性,正是其所具备的特点。在峰值处,两个模型的数值有微小的不同,这是由于对车辆模型进行简化,对结果造成了一定的影响;类似转向盘角阶输入试验,建立的七自由度整车模型没有考虑驱动力矩的影响,所以两者相比会有偏差存在。在误差允许范围内,LuGre 轮胎模型在一定程度上具有有效性。

2.5 本章小结

本章基于 LuGre 动态摩擦理论,建立动态轮胎模型,对模型中关键参数进行辨识,应用魔术公式轮胎模型对其进行验证。通过研究,得出如下结论:

(1)基于 LuGre 动态摩擦理论,建立了用于车辆动力学特性研究的 LuGre 动态轮胎模型,并采取遗传算法对其库仑摩擦系数、静摩擦系数、轮胎纵向刚度和纵向阻尼系数等关键参数进行了辨识;选择几组不同参数进行比较分析,结果表明所辨识参数精度较高,能够用于 LuGre 轮胎模型的应用研究。

(2)利用 ADAMS/Car 软件自带魔术公式轮胎模型,对 LuGre 动态轮胎模型进行验证。选取转向盘角阶跃输入试验和双移线输入试验两种典型试验工况,对车辆横摆角速度、质心侧偏角和侧向速度等输出进行比较,结果表明三个状态变量的变化趋势基本一致,并且采用 LuGre 轮胎模型能够表现出车辆运动的动态特性,在一定的误差允许范围内,证明本章所建立的 LuGre 动态轮胎模型准确,可以用于车辆操纵稳定性研究。

第3章 车辆动力学建模

3.1 车辆动力学概述

3.1.1 定义

(1) 车辆动力学。

车辆动力学是车辆力学的一个分支,主要分析道路车辆的运动行为和受力情况。机动车辆、车辆系统及其组件发展等多个领域都涉及车辆动力学。本节主要介绍建模方法、车辆动力学相关术语和车辆动力学的应用情况。

任何一个系统都可以看作由若干子系统组成,同时该系统本身又是另一个更大的系统的一个子系统。对一个系统进行建模仿真,首要的就是清楚描述该系统的特征。

对于车辆动力学系统来说,一个典型的车辆运动过程包括点火、发动机怠速、车辆起步过程、直线或转弯行驶、制动以及驻车。发动机是整个车辆的心脏,它提供车辆运动的动力。发动机输出的动力能否传递到车轮驱动车辆行驶,则是受到加速踏板、离合器踏板和挡位的控制,因此,发动机有空载及负载两种状态。驱动时,动力通过离合器、变速器,最后传递到车轮,产生驱动车辆运动的力,离合器和变速器的状态会影响到车辆运动过程中力或力矩的传递。制动时,制动力是由制动踏板通过制动系传递到车轮制动器上的。伴随着行驶路线的变化,还会有转向盘的转弯操作,转弯主要是作用于前转向轮。

汽车动力学模型是把汽车作为一个研究对象,一辆四轮汽车经过简化可看成由一个车身和四个车轮五个质量部分构成的系统,它们通过转向机构、弹簧和减振器有机地联系在一起。每个简化为刚体的物体都具有六个自由度(三个平移自由度和三个旋转自由度),如果把传动系统(发动机、变速器、万向节、传动轴、驱动轴)、转向系统(转向盘、转向器以及具有横拉杆的转向传动部分)、驾驶室、乘客、载重汽车上的货物等更多的运动可能性以及假设为刚体的内部运动都考虑在内,那么就很容易得出更多的自由度和微分方程。

为了描述汽车的运动,就需要有相当多的运动微分方程。这些微分方程当然不是彼此无关的,通过上述弹性的、减振的或转向的联系,其中大部分是彼此关联的,并且通过作用于分布质量上的加速度关系联系在一起。

这样多的彼此相关联的微分方程给全面描述汽车的行驶特性带来了困难。为了能掌握问题的特点和本质,一般通过抽象或简化,分割成不同的专题模块来研究。

(2)车辆动力学系统的构成。

车辆动力学系统是一个比较庞大复杂的系统,它包括很多的弹性、阻尼等非线性元件。但作为一个仿真问题,可根据系统仿真的处理法则将一个大的系统分解为若干子系统,再根据具体的对象和研究目标确定模型的规模和与之相关的边界条件,建立实用有效的模型。对于车辆动力学系统,可以将其离散成物理上和功能上相对独立的子系统(即对象),主要包括发动机、传动系统、转向系统、制动系统、车轮系统、悬架系统和车身,它们之间的关系如图 3-1 所示。

(3)车辆动力学系统建模方法。

一个完整的车辆模型由底盘、传动、悬架、车轮、制动和转向等子系统组成。模型的输入是制动踏板与加速踏板的位置、转向盘转动的角度、啮合齿轮或驾驶员定义的自动变速器控制杆的位置。环境通过预定义的环境条件作用于车辆上,如侧向风和迎风阻力、道路摩擦系数、道路坡度和道路颠簸程度等。车辆、驾驶员与环境之间的相互作用如图 3-2 所示。

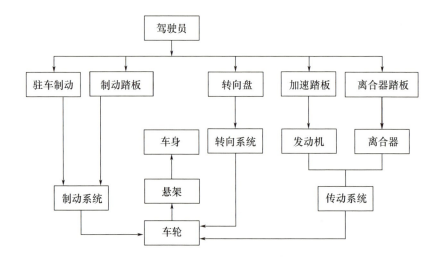

图 3-1 车辆动力学系统构成

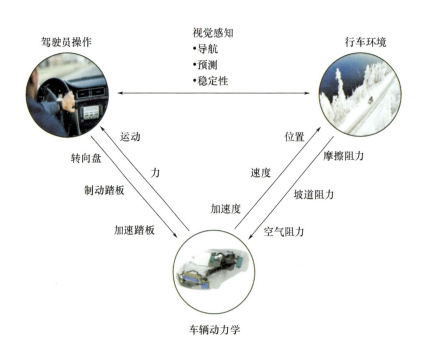

图 3-2 车辆、驾驶员与环境之间的相互作用

研究汽车系统动力学性能的重要工作之一是建立汽车系统动力学模型。传统的经典力学建模方法是以 Newton – Euler 方程为代表的矢量力学方法和以 Lagrange 方法为代表的分析力学方法。但随着对汽车动力学性能研究的深入，所需考虑的自由度越来越多，用经典力学方法建立汽车动力学模型就比较困难。近二十多年发展起来的多体系统动力学理论为建立复杂的汽车系统动力学模型提供了一个有力的工具。

目前，汽车整车系统动力学模型有线性模型和非线性模型两种。Segel 等建立的线性模型在车辆侧向加速度小于 $0.3g$ 的工况下能够产生满意的分析结果，但现在汽车的实际性能测试表明，其侧向加速度一般能达到 $0.8g$。为了满足此要求，建立汽车非线性动力学模型就显得尤为重要。Mchenry 在 1969 年建立了第一个车辆非线性动力学模型，此后 Chace 和 Orlandea 等建立了一个 42 自由度的多体系统动力学模型来分析车辆的操纵特性。Hegazy 等在 2000 年建立了一个 94 自由度的整车非线性动力学模型，并以此模型分析了车辆在双移线车道行驶中的瞬态特性，并取得了较好的效果。

本章的建模体系大多是专门针对理论建模的，假设物理参数已知或者可预估。其典型参数的来源如下：

①计算机辅助设计模型的尺寸、质量和转动惯量。

②质量、转动惯量、弹簧和减振器特性以及摩擦系数的直接测量值。

③对其他模糊特性的假设、评估和合适的辨识方法，如摩擦效应和弹性支撑等。

④参数识别，通过其他计算方法和仿真方法，如有限元方法得到的特性曲线以及计算电场和磁场等。辨识方法通常用来确定理论模型中未知或难测量的参数，如第 2 章的轮胎模型参数。

建模的目的是获得各系统的数学分析描述，这个描述既要考虑系统特性相关方面的研究，又要考虑系统组件对其的影响，这样才能建立不同复杂程度和有效性的模型。一方面，模型的复杂程度越高，系统行为的仿真准确度就越高；另一方面，复杂的模型会产生复杂的非线性模型方程，因此需要更好的计算性能。此外，需要确定的模型参数的数目会随着模型复杂程度的增加而增加。

假设车辆的底盘是刚性的,那么底盘在空间有六个自由度,通过进一步假设,如在单轨和双轨车辆模型中,可以减少自由度。为了仿真车辆的纵向运动,只要定义一个自由度就足够了,那么车身的其他自由度必须使用所谓的约束或边界条件进行限制。为了描述侧向运动和横摆运动,可以采用描述横向动力学的简单模型,这两种运动至少需要两个自由度。

对于双轨模型,尤其是复杂的多体系统模型,需要用更多的自由度来描述车辆悬架和传动系统组件的运动。此外,还必须建立车辆子系统,如传动、制动和转向等系统的模型,也可以将其他系统(如 ABS、ESP、辅助驾驶系统)和机电系统集成到一起建立模型。

(4)多体系统动力学在汽车建模中的应用。

汽车本身是一个复杂的多体系统,外界载荷的作用更加复杂,加上人-车-环境的相互作用,给汽车系统动力学研究带来了很大困难。许多情况下,不得不把模型简化,避免许多特性无法得到精确的分析。

随着计算机技术的迅猛发展,处理汽车系统有了更好的方法。从计算机辅助工程(CAE)的角度来说,汽车多体系统分析软件可高效率地完成对整车系统动力学的分析,完成三项任务:①对直接涉及的系统进行性能预测;②对已有的系统进行性能测试评估;③对原有的设计进行改进。

汽车动力学建模的传统方法主要是利用经典力学,即以牛顿-欧拉方程为代表的矢量力学方法和以拉格朗日方程为代表的分析力学方法。这些模型是将整车简化成簧上质量(车身)、前非簧上质量(前悬架、前轴、前轮总成)、后非簧上质量(后悬架、后轴、后轮总成)三个集中质量子系统,并对轮胎和悬架的非线性特性进行不同程度的简化描述。在对受力和运动综合分析的基础上,利用拉格朗日或牛顿力学方法建立动力学微分方程,然后在计算机上进行数值求解。近20年发展起来的多体系统动力学理论为建立多自由度汽车动力学模型提供了一个有力的工具,应用该理论建立的仿真模型将汽车悬架系统的每一部件看作刚性体或弹性体,同时也包括刚体的所有节点。整个模型的自由度非常多(可达到上百个),更全面地描述了汽车各子系统的运动及相互耦合作用,可用于汽车操纵性、动力性和制动性等研究。

建立的模型需要尽可能真实地描述真实车辆的动态特性。为了实现这一点,模型必须满足以下条件:

①完成整车及整车子系统的空间动力学和运动学。

②车辆悬架的非线性运动学。

③力元素的非线性及动态表示。

④动态轮胎受力分析。

另外,模型必须保持可控性,能够在硬件闭环测试台和驾驶模拟器中加载仿真模型,这一点尤其重要。因此,模型所需的计算时间必须合适,才能适用于优化设计及分析。

根据需要完成的细节要求及动力学分析任务的复杂程度,一般可采用不同类型的模型来模拟车辆的动力学性能及可操控特性。

仿真程序在车辆技术系统开发过程中的应用越来越广泛,也是当前技术发展的最新水平。车辆动态特性的预测要考虑新的车辆系统的驾驶稳定性、安全性和舒适性。此外,这些模型还可以受车辆操纵控制系统和执行机构的影响,这是高效开发这些系统的先决条件。这些系统中出现的机械部件可以使用下面的方法进行建模和仿真。

①多体系统(Multibody System,MBS)。多体系统适合描述机械系统,这些系统的组成大部分是刚性的,通过轴承与铰链连接。一个多体系统通常由刚体组成,在离散点上施加质量,集中力和力矩。

多体系统中刚体的特征是其质量与惯性力矩。刚体的特征点是其质心位置 S 和作用了集中力和力矩的有限节点数 P_i,在节点处使刚体通过相应的连接副与其他刚体相互连接。弹性和阻尼可表示为无质量的力元素。通过力的法则和约束运动的描述来分别表示动力传动系统和执行机构。建模和仿真的关键是刚体的运动变量,有时也包含作用于轴承和传动系统上的力和力矩。鉴于建模和公式化,多体系统运动学和动力学可以用自由度相对较少的常微分方程或微分代数系统方程来描述。

②有限元方法(Finite Element Method,FEM)。有限元方法主要用于给

出具有弹性和塑性特征的机械系统的数学描述,其质量和弹性是连续分布的。模型由简单几何形状的有限元组成,其变形原则遵循初等函数。这种方法主要用于检查外力对刚体变形的影响和刚体应力分布。有限元方法的数学公式要使用多个自由度的非线性常微分方程来描述。

③连续系统(Continuous System,COS)。连续系统用于对具有弹性特征的机械系统的描述,其质量、弹性和塑性连续分布。连续系统的数学公式使用无数自由度的偏微分方程来描述。这些结构不同的各个应用领域的替代系统的选择主要取决于机械系统的初始几何形状和刚度分布、研究目标以及潜在的仿真模型有效性的可行域。有限元方法和连续系统主要适用于弹性均匀分布的机械系统或刚体。

多体系统非常适合描述车辆动力学的复杂模型。当然,在需要根据车辆运动学和动力学确定结构变形和应力分布时,也可以使用有限元方法创建车辆模型,在这种情况下,有限元方法是有优势的。

为车辆的仿真选择合适的方法后,还必须考虑以下几个方面:

(1)车辆模型的简化。
(2)车辆动力学研究的振动频率范围。
(3)非线性系统的影响。
(4)车辆模型与外界环境的接口情况。

对于大多数车辆动力学的工作,研究表3-1中的有限频率即可。因此,可以限制模型的频率范围为0~40 Hz。

表3-1 车辆子系统的典型频率

振动方式	频率/Hz
车身移动	1~2
车辆纵向振动	4~10
电机振动	10~13
车轮或悬架偏转	10~15

续表 3-1

振动方式	频率/Hz
转向振动	10~16
车身振动	30~40

上述的限制也有例外,如对车辆动态控制系统的仿真。由于液压系统具有相对较短的时间常数,所以会发生更高频率的振动。由于联结点的弹性支撑,悬架系统振动的固有频率范围在 15~30 Hz 之间,子午线轮胎的固有频率约为 50 Hz。这些振动会影响车辆控制系统传感器检测到的信号,所以在进行车辆仿真时必须考虑采样频率的影响。

3.1.2 车辆动力学模型的发展历程

车辆动力学模型主要用于研究汽车在各种力的作用下的动态特性,并讨论这些动态特性及其对汽车使用性能的影响。最早的有关汽车行驶振动分析的理论可追溯到 1900 年,当时 Lanchester 就认识到运用弹性悬架可使乘客感觉更加舒适。Maurice Olley 在 20 世纪 30 年代率先提出了操纵动力学分析理论,并且总结了当时的汽车设计状况,这才形成了汽车动力学的雏形。1993 年,Segel 在英国机械工程师学会(The Institution of Mechanical Engineers,IME)举行的主题为"车辆平顺性和操纵稳定性"的会议上发表的论文,对 1990 年以前汽车动力学的发展做了较为全面的总结,见表 3-2。20 世纪 70 年代汽车动态仿真已在国外得到了普及,建立了不同复杂程度的动力学仿真模型。根据所采用的方法可将其分为集中参数仿真模型和多体参数仿真模型两大类。这两类模型中,集中参数仿真模型需要建模者对汽车进行离散化并推导汽车的运动学方程;而多体参数仿真模型则需要建模者给定各部件的详细特征、运动学约束和系统的拓扑结构,然后由相应软件工具(例如,基于 Kane 方法的 SD/FAST、AUTOSIM、SYMBA,基于 Euler 方法的 SD/FAST、AUTOSIM、NASTRAN、SIMPACK,基于 Lagrange 方法的 ADAMS、DADS、MEDYNA、MADYMD 等)自动建立运动学方程。集中参数仿真模型与多体仿真模型相比,计算时间较短,效率较高,所需输入参数较少,但不能全面地得到系统中各子系统的运动及其相互的耦合作用。

表 3-2 汽车动力学的发展

第一阶段 (20世纪30年代前)	第二阶段 (20世纪30年代到1952年)	第三阶段 (1952年后)
(1)运用试验观察对汽车动力特性进行研究; (2)关注轮胎摆振现象; (3)认识到平顺性的重要	(1)基本理解轮胎侧偏现象; (2)定义不足转向和过度转向; (3)理解稳态转向; (4)建立二自由度操纵稳定性模型; (5)广泛关注平顺性和独立悬架	(1)通过对试验结果分析,加深了对轮胎特性的了解; (2)建立三自由度操纵稳定性模型; (3)扩展操纵稳定性分析内容; (4)运用随机振动理论预测平顺性

组成汽车的各机械子系统之间的相互耦合作用,使汽车的动态特性非常复杂。通过计算机仿真预测汽车在实际运动中的动态特性,必须对所要研究的问题进行相应的抽象和简化,以便建立可描述汽车真实运动的不同仿真模型。集中参数模型法正是依据这一思路,对研究汽车的不同性能建立不同的仿真模型。用集中参数模型法来研究汽车的动力学仿真问题,主要包括动力传动系统模型、路面模型以及分析汽车平顺性和操纵稳定性的整车模型。

(1)动力传动系统模型。

动力传动系统模型包括发动机模型、传动系模型和轮胎模型,早期人们在研究动力传动系统的动力学特性时多采用多参数模型(例如节气门开度和发动机转矩)发动机和集中参数模型(例如配有机械式变速器的传动系统动力学模型,如图3-3所示)传动系。轮胎模型有两种类型,一种是物理模型,另一种是经验公式或半经验公式。在物理模型方面,1954 年 Fiala 通过简化的轮胎弹性圆环模型推导出了车轮侧偏特性侧向力和回正力矩的无量纲表达式。Sakai 等采用简化的胎面刷子模型来分析轮胎的制动和驱动特性。而在研究轮胎振动问题时多采用 M. Loo 模型。近年来,哈尔滨工业大学复合材料研究所提出了一个能较好预测子午线轮胎固有频率的理论模型,即轮胎的圆环模型。经验公式或半经验公式有 1961 年和 1968 年日本桥石轮胎厂提出的 Fiala 理论表达式的试验修正表达式、郭孔辉建立的轮胎模型半经验公式等。

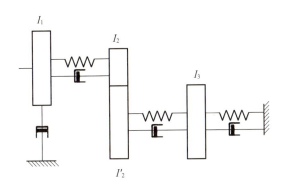

图 3-3　配有机械式变速器的传动系统动力学模型

(2)路面模型。

路面模型包括两方面,一方面为路面几何模型,采用路面谱输入;另一方面为路面状况,即路面为干、湿、结冰的情况,可通过给定不同的滚动阻力系数和路面附着系数来实现。

(3)分析汽车平顺性的整车模型。

在有限的悬架工作空间中,设计人员必须为驾驶员和乘客提供良好的乘坐舒适性、可接受的车身姿态以及对车轮动载荷的合理控制。这就是汽车平顺性所要求的主要性能指标。在汽车平顺性的早期研究阶段,限于当时数学、力学理论,计算手段及试验方法,把系统简化成集中质量 - 弹簧 - 阻尼的模型。

这类模型与汽车实际结构相比虽然进行了较大的简化,但能够定性地分析汽车振动特性和结构参数对平顺性的影响,如应用二自由度模型即可分析悬架对平顺性的影响;整车七自由度模型(图3-4)是最基本的整车三维平顺性模型,可分析车体的垂向、俯仰和侧倾振动。但由于这类模型忽略了部件的弹性效应,因此进行平顺性分析时会产生较大的误差。若考虑橡胶元件的影响,多自由度的复杂模型手工推导则过于烦琐,如图3-5所示。而且,应用此类简化模型分析恶劣路面上的乘员舒适性(图3-6)比较有效,但无法分析汽车的安全性能,所以这类模型也不适合分析复杂的平顺性问题。

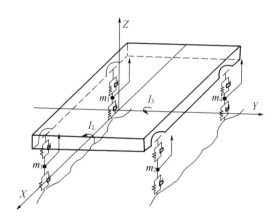

图3-4　整车七自由度模型

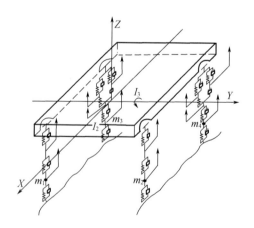

图3-5　考虑橡胶元件的整车振动模型

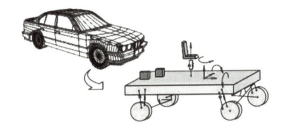

图3-6 考虑乘员舒适性的整车振动模型

(4) 分析汽车操纵稳定性的整车模型。

对轮胎特性的充分了解是建立正确操纵稳定性模型的前提。1925年,Broulheit发现了汽车轮胎的侧偏现象,使人们对轮胎特性有了突破性的认识。到1931年,在可测量充气轮胎力学特性的试验机问世以后,R.D.Evans等人初步研究了汽车转向特性,直到20世纪90年代中期较为健全的理论才被建立。

最初建立的操纵稳定性模型多为侧向加速度小于$0.3g$的低自由度线性模型,即最经典的二自由度模型。此类模型集中了汽车的主要性能,把影响汽车性能的参数减至最少,可求出数学模型的解析解,因而能得出普遍适用的结论,所以它至今仍然被广泛应用。

20世纪60年代到80年代,计算机技术的迅速发展促进了汽车操纵稳定性研究的发展。各国学者们建立了许多复杂的车辆模型和相应的仿真程序,如D.J.Segal建立的15自由度模型、美国密歇根大学建立的17自由度模型和崔胜民等采用Kane方法建立的18自由度模型。复杂的模型可以描述汽车的非线性特性和更精确的整车运动动态响应。但非线性特性的引入使模型求解过于复杂,且误差增大。

汽车的运动是在驾驶员的操纵下实现的,因此欲对汽车的运动性能进行深入分析,必须研究包括驾驶员在内的驾驶员-汽车系统。最早的驾驶员模型是日本学者近藤提出的线性预估校正模型。由于它考虑了驾驶员的预瞄特性,因此对驾驶员的方向控制模型的发展产生了重大影响。20世纪

80年代以来提出的各种模型几乎都是预瞄跟踪模型。另一类驾驶员模型是补偿校正模型(图3-7)。它假定驾驶员只根据当前时刻的期望路径与汽车运动状态之间的横向偏差进行补偿校正,虽然不适用于高速行驶的汽车预瞄跟踪运动,但这个模型具有在理论上可以完全由被控环节的动态特性确定等优点,所以在实际工程中可预测闭环系统抵抗侧向风等外界干扰的稳定性能。在 ADAMS 2005 软件中,出现了驾驶员模块,它可以确定汽车驾驶员的行为特征,确定各种操纵工况,同时确定转向盘的转角或离合器位置、变速器挡位等,还可以通过调整驾驶员行为适应各种汽车特定的动力学特性,并具有记忆功能。

图3-7 补偿校正模型

(5)多体仿真模型。

20世纪70年代以后,随着多体系统动力学分析和仿真技术的诞生和发展,汽车建模方法出现了新的改变。由于对汽车模型的精确度要求越来越高,大型的多体系统动力学方程推导十分困难,因此通用的多体仿真软件如ADAMS等逐渐被应用。应用多体仿真软件建模是将汽车每一部件看作刚性体或弹性体,它们的连接通过各种约束来描述。多体系统动力学软件自动生成运动学和动力学方程,并利用软件内部有效的数值计算方法准确求解。然而,多体模型包含部件较多,有些参数难以从试验中测量得到,因而不能从整体上保证系统的准确性。另外,复杂的模型在计算机上求解花费时间较长,而且一旦模型出错,很难准确查找。本书利用 ADAMS/Car 的模板库建立了某整车虚拟样机仿真模型,如图3-8所示。该模型主要包括柔性悬架系统、转向系统、轮胎子系统以及车身,其车身总成模型用一个质量集中的球体表示。输入车身的总质量、质心位置及绕质心的转动惯量等参数可对整车进行各项仿真分析。

图3-8 某整车虚拟样机仿真模型

(6)有限元法和动态子结构法。

有限元法诞生于20世纪中叶。随着大型有限元通用程序的推广以及计算机硬件技术的飞速发展,有限元技术在20世纪60年代中期开始被广泛应用于汽车分析设计中。其分析过程分为结构离散化、单元特性分析、坐标变换、边界条件处理和结构综合这几个步骤。目前大型有限元软件有ANSYS、NASTRAN和ABAQUS等。

虽然对单个部件进行有限元分析精度较高,但对整车进行有限元分析时,往往需要解析几十万个自由度的问题,计算中会产生较大误差。随后,在试验方法的改进和对复杂整体结构的深入研究过程中,又诞生了动态子结构法。动态子结构法分为模态综合法和机械导纳法。由于模态综合法的参数易于求得,所以其应用较多。模态综合法的基本思想是把复杂结构分为若干子结构(部件),而每个子结构利用计算或试验方法可求得其模态参数,再根据实际边界条件,选取合适的子结构界面连接方式(固定界面法或自由界面法),将各子结构的模态特性叠加起来,通过平衡方程和约束方程将物理坐标约简,就可得到用模态坐标表示的运动方程,进而得到整个系统的动态响应。

由于有限元法能较好地分析某些部件的动态特性,所以在对整车进行动态分析时,常采用集中参数法、有限元法和模态综合法相结合的方法。根据汽车结构特点可将车架、车身等弹性体用有限元法分析得到主模态,而将发动机、轮、轴等简化为刚体或集中质量,将连接件简化为弹簧。根据各子结构的结构特点,将动力总成作为刚体,副车架和车身作为弹性体,簧下质量作为集中质量考虑。

3.1.3 车辆动力学仿真技术国内外研究现状

汽车是一个包含惯性、弹性、阻尼等动力学特征的复杂非线性系统,其特点是运动零件多、受力复杂。由于组成汽车各机械系统(如转向、悬架、传动机构)之间的相互耦合作用,汽车的动态特征非常复杂。特别是汽车的前悬架与转向系统,是多杆式机构,而且主销内倾角、主销后倾角等车轮定位角对车辆的行驶状态起着重要的作用,所以在运动学分析中必须获得车轮定位角的变化情况。车辆的运动工况多种多样,在实际行驶过程中,会有各种各样的外在激励及内在控制,不同的工况下车辆各个零件的空间位置及受力情况均有不同,这些都给运动学与动力学的分析带来很大的困难。过去用简化条件下的图解法等方式分析车辆这样复杂的空间机构是非常困难的,不仅误差较大,而且费时费力。

在研究汽车诸多的行驶性能时,汽车动力学研究对象的建模、分析与求解始终是一个关键问题。汽车本身是一个复杂的多体系统,外界载荷的作用更加复杂,加上人-车-环境的相互作用,给汽车动力学研究带来了很大困难。由于理论方法和计算手段的限制,该学科曾一度发展缓慢。主要障碍之一在于无法有效地处理复杂受力下多自由度分析模型的建立和求解问题。许多情况下,不得不把模型简化,以便使用古典力学的方法进行人工求解,从而导致汽车的许多重要特性无法得到较精确的定量分析。计算机技术的迅猛发展,使处理上述复杂问题的方法产生了质的飞跃。有限元分析技术、模态分析技术以及随后出现的多体系统动力学正是在这种情况下发展起来的。这些理论方法出现以后很快在汽车技术领域中得到了应用。

国外汽车动力学的研究经历了由试验研究到理论研究、由开环研究到闭环研究的发展过程。力学模型逐渐由线性模型发展到非线性多体系统模型,模型的自由度由二个自由度发展到数十个自由度。模拟计算也由稳态响应特性的模拟研究发展到瞬态响应特性和转弯制动特性的模拟研究。

20世纪80年代初,不仅有许多通用的软件可以对汽车系统进行分析计算,而且还有各种针对汽车某一类问题的专用多体软件。研究的范围从局部结构到整车系统,涉及汽车系统动力学的方方面面。80年代中期是多体系统动力学在汽车工程上应用发展最快的时期。国外各主要汽车厂商和研究机构在其计算机辅助设计(Computer Aided Design,CAD)系统中安装了多体系统动力学分析软件,并与有限元、模态分析、优化设计等软件一起构成一个有机的整体,在汽车设计开发中发挥了重要作用。商品化的多体软件的销售量呈上升趋势。目前市场上占有率最高的是美国机械动力公司(Mechanical Dynamics . Inc)开发的 ADAMS(Automatic Dynamic Analysis of Mechanical System),其中汽车行业的使用率为43%,该软件在为客户提供通用平台的同时,还提供了用于车辆分析的专门模块(ADAMS/Car),使用起来非常方便。

国内在汽车动力学的研究中,采用多刚体系统动力学进行分析和计算的工作起步较晚。20世纪70年代初,长春汽车研究所和清华大学同时开展了汽车动力学的研究。研究工作集中在平顺性、操纵稳定性性能指标的评价方法、试验方法及操纵稳定性力学模型的建立、模型的计算方法、性能预测方法和优化设计方法等方面。力学模型从70年代研究汽车侧偏和横摆运动的二自由度线性模型,发展到包括侧倾和转向系在内的三至五自由度乃至十三个自由度的非线性模型,其功能也从对汽车稳定性的稳态响应和瞬态响应的分析,发展到对汽车转弯制动性能的分析。

1986年,吉林工业大学的温吾凡等人利用多刚体系统动力学方法,对二维刚体系统进行运动学分析,并编制了一个人机对话型的分析程序。1989年,吉林工业大学的林逸利用 R-W 方法,建立了对汽车独立悬架中的单横臂及摆柱式悬架进行空间运动分析的通用计算程序。1991年,第二汽车制造厂的上宫文斌等人,采用自然坐标的概念,利用虚功原理建立了汽车转向系统和悬架运动学分析方法。北京农业工程大学周一鸣教授等研制了广义机构计算机辅助设计软件 GMCADS,用于分析平面和空间机构的运动学及动力学性能。

1992年,清华大学的张海岑采用多刚体力学中的牛顿-欧拉方法,建立了汽车列车74个自由度的非线性数学模型,其中包括多种轮胎模型、悬架系统模型、转向系统模型和带有比例阀、防抱死装置及考虑制动热衰退的制动系统模型,深入研究了汽车列车的操纵稳定性和制动性。

1994年,清华大学的刘红军在管迪华教授的指导下用虚拟刚体结构法和弹性子结构法把弹性问题纳入整车多体系统动力学的分析中,对汽车摆振系统进行了建模和计算。吉林工业大学的陈欣研究了汽车悬架中的柔性体对悬架性能的影响。

1997年,清华大学的张越今采用多体系统动力学的理论方法,应用机械系统分析软件ADAMS,进行了汽车前后悬架系统和整车动力学性能仿真及优化研究,分析了汽车中柔性元素(橡胶减振元件)对动力学性能的影响。

20世纪90年代初,研究人员开始把多柔体系统动力学理论和方法用于汽车技术领域,这标志着汽车多体系统动力学开始向新的层次发展,许多有益的工作值得借鉴。研究人员试图用各种有效的方法将柔性体的力学效应并入多体系统动力学方程中进行分析和求解。这些方法既有探索直接建立和求解刚柔混合的多体系统动力学方程的方法,也有采用现有的多刚体系统动力学软件来近似对多柔体系统进行分析的方法。

从整个汽车CAE的角度来说,汽车多体系统分析软件可完成三项任务:①对直接设计的系统进行性能预测;②对已有的系统进行性能测试评估;③对原有的设计进行改进。分析的范围包括运动分析、静态分析、准静态分析、动态分析、灵敏度分析等。此外,还对前后处理提出较高的要求,如建模功能,曲线(频域和时域)、表格、图形(包括动画)的输出等,以便高效率地完成上述三项任务。

多柔体系统动力学是一种普遍的方法,但在各行各业的应用中对分析对象的结构和性能要求有很大差异,所以在分析内容上也有侧重。汽车系统同航天器、机器人以及其他机械系统有明显的不同,在汽车多体系统动力学的研究中要充分考虑其特殊性,进行有针对的分析,才能得到理想的效果。

近年来,随着计算机技术、图形学技术及计算方法的不断提高,在机械系统仿真(Mechanical System Simulation,MSS)领域,国外研制了很多基于多体系统动力学理论开发的仿真分析软件,如 IMP、ADAMS、DAMN 等。所谓MSS 技术,即把分散的零部件设计与分析技术结合在一起,以提供一个全面了解产品性能的方法,并通过仿真分析中的反馈信息指导设计。其中ADAMS 最有代表性。ADAMS 是当前求解机械系统空间位移运动力学的主要软件,在汽车、航空等领域有广泛的应用。国内主要的汽车厂商,如汇众、北汽福田、天津汽车技术中心等单位已经在开发新产品、改型等工作中使用ADAMS。2000 年,北汽福田的许先锋等利用 ADAMS 对某轻卡货车进行了汽车操纵稳定性仿真分析,上海汇众的周俊龙等利用 ADAMS/Car 对某轿车的悬架进行了仿真分析。

3.1.4 车辆动力学模型的发展趋势

由于汽车本身结构负载以及汽车所承受的载荷十分复杂,同时也受到各种路面激励和各种车速条件下惯性力的作用,还有各连接构件之间的相互约束作用,因此很难用经典力学方法求解。而有限元法由于具有能解决结构形状和边界条件都任意的力学问题的优点,被广泛应用。

20 世纪 90 年代以后,机械系统动力学分析与仿真技术已能成熟应用于汽车行业。其中,多刚体系统的建模理论已经成熟。但现在汽车的产品开发,已经不满足于传统的弹性分析,更需要进行整车非线性系统分析,即整车操纵稳定性和平顺性不能仅以刚体模型进行分析,还要考虑结构的变形效应,主要体现在以下几方面:

(1)汽车内部电子和电器产品比重的不断增大,涉及多物理场的仿真问题。

(2)需要进行更精确的非线性分析,如少片弹簧、橡胶轮胎、悬挂的大变形、零部件的柔性和间隙连接等。

(3)从传统的多刚体动力学分析到考虑结构弹性的应力响应,如悬架系统、车身系统等因素,使得多柔体系统建模成了一个研究热点。多柔体系统动力学由于本身既存在大范围的刚体运动,又存在弹性变形运动,因而与有限元分析方法及多刚体力学分析方法有密切联系。

汽车动力学建模的目的是为了更好地设计和分析汽车性能,使仿真结果更好地接近于试验结果,而且汽车性能的好坏主要由汽车最终用户的主观评价反映。因此,把主观评价标准、试验数据与汽车动力学模型更好地结合,将是汽车动力学模型未来发展的方向。

3.2 车辆动力学理论

3.2.1 多体系统动力学简介

多体系统是指由多个物体通过运动副连接的复杂机械系统,包括多刚体系统动力学和多柔体系统动力学,是在经典力学基础上产生的新学科分支。多刚体系统动力学的研究对象是由任意有限个刚体组成的系统,刚体之间以某种形式的约束连接,这些约束可以是理想的完整约束、非完整约束、定常或非定常约束,研究这些系统的动力学需要建立非线性运动方程、能量表达式、运动学表达式以及其他一些量的公式。

20世纪60年代至70年代初,美国的R. E. 罗伯森和T. R. 凯恩、联邦德国的维登伯格、苏联的E. H. 波波夫等人先后提出了各自的方法来解决复杂系统的动力学问题,于是古典的刚体力学、分析力学与现代的电子计算机技术相结合的力学新分支——多刚体系统动力学便诞生了。

自20世纪80年代以来,由于各种复杂机械系统的高性能、高精度的设计要求,加之高速度、大容量、多功能现代计算机的发展及计算方法的成熟,多体系统动力学由早期的多刚体系统动力学发展为多柔体系统动力学。这门边缘学科以当代航天事业的发展为标志,研究的领域包括了宏观世界机械运动的主要问题。

(1)多体系统动力学基本理论及方法。

多体系统动力学的核心问题是建模和求解问题,多体系统中最简单的情况——自由质点,是经典力学的研究内容。多刚体系统动力学则是为多个刚体组成的复杂系统建立适宜于计算机程序求解的数学模型,并寻求高效、稳定的数值求解方法。由经典力学逐步发展形成的多刚体系统动力学,在发展过程中形成了各具特色的多个流派,主要有工程中常用的常规经典力学方法、图论(R-W)方法、凯恩方法、变分方法、旋量方法和最大数量坐标法。其中经典力学方法对于单刚体或者少数几个刚体组成的系统是可行的,但随着刚体数目的增加,方程复杂度成倍增长,寻求其解析解往往是不可能的。而其他方法则是随着人们在航天领域和机械领域对多刚体系统动力学研究的深入逐渐形成的。以上几种研究方法,风格迥异,但共同目标是要实现一种高度程式化,适于编制计算程序的动力学方程建模方法,适用对象广泛,可计算大位移运动,模型精度高等。目前多体系统动力学已成为计算机辅助设计和计算机辅助工程中虚拟样机技术的重要组成部分。

(2)多体系统动力学仿真软件。

1960年,美国通用汽车公司研发了一个动力学分析软件DYANA,该软件主要是解决多自由度、无约束的机械系统动力学问题。1964年,IBM公司为汽车工业研制了运动学分析软件KAM,该软件采用了M. A. Chance矢量代数方法,对单运动链单自由度机械进行位置、速度、加速度分析。1972年,随着多刚体系统动力学的诞生和发展,美国Wistonsim大学的J. J. Uicker等人研究出了ADAMS机械系统的自动动力学分析软件,它能分析二维、三维、开环或闭环机构的运动学、动力学问题,侧重于解决复杂系统的动力学问题。1977年,美国Iowa大学的CAD中心在E. J. Hauy教授的引导下研制了动力学分析和设计系统(Dynamic Analysis and Design System,DADS)。目前,世界上已经约有十七种基于不同方法的多体运动分析软件问世。

总体来说,多体系统动力学的方法是一种高效率、高精度的分析方法。然而在解决实际问题时,如果处理不当,不仅使工作量增加,而且也得不到满意的结果。应用中要根据具体情况和所研究的问题性质选择最有效的分析方法,这一点对于较复杂的汽车系统来说尤为重要。应用多刚体系统动力学理论解决实际问题时,一般要经过以下几个步骤:

①实际系统的多体模型简化。

②自动生成动力学方程。

③准确地求解动力学方程,最终得到准确的结果。

3.2.2 虚拟样机技术及计算方法

汽车是由成千上万个零件组装而成的复杂系统,建立整车模型是一件非常复杂的工作,用传统的建模方法不仅费时费力,而且发现错误后不容易修改。本章介绍 ADAMS 模板化建模方法,这种方法将整车模型按总成分解为多个子系统,使整个模型层次分明,拓扑关系清晰。模板化建模的优点是修改模型方便,若发现模型有错误,只需修改相应的子系统即可,简化了建模的烦琐工作。机械系统动力学分析软件 ADAMS 是集建模、求解和可视化于一体的数字化虚拟样机技术,它可以有效地将三维实体模型和应用有限元分析软件描述的零部件模型有机地结合起来,准确地进行机械系统的各种模拟、分析和评估系统的性能,为物理样机的设计和制造提供依据。

多体系统动力学仿真软件的发展主要是想解决在卫星、飞机和地面车辆的动力学研究中面临的技术问题。目前常用的动力学分析软件主要有美国 MDI 公司的 ADAMS、比利时 LMS 公司的 Virtual. Lab Motion 以及德国航天局的 SIMPACK。

ADAMS 软件可以自动生成包括机电液一体化在内的任意复杂系统的多体系统动力学虚拟样机模型,能为用户提供从产品概念设计、方案论证、详细设计到产品方案修改、优化、试验规划甚至故障诊断各个阶段全方位、高精度的仿真计算分析结果,从而达到缩短产品开发周期、降低开发成本、提高产品质量及竞争力的目的。

ADAMS 软件所提供的汽车专业模块,能够帮助汽车工程师快速创建高精度的参数化数字样机和汽车的运动学与动力学仿真模型,进行汽车的操纵稳定性、制动性、乘坐舒适性和安全性等整车性能仿真分析,目前已被汽车工程技术人员广泛采用。

(1)虚拟样机技术。

虚拟样机技术又称为动态仿真技术,是指在产品设计开发过程中,将分散的零部件设计和分析技术(指在某单一系统中零部件的 CAD 和 FEA 技术)糅合在一起,在计算机上建造出产品的整体模型,并针对该产品在投入使用后的各种工况进行仿真分析,预测产品的整体性能,进而改进产品设计、提高产品性能的一种新技术。

在传统的设计与制造过程中,首先要进行概念设计和方案论证,然后进行产品设计。在设计完成后,为验证设计,通常要制造样机进行试验,有时这些试验甚至是破坏性的。当通过试验发现缺陷时,要重新修改设计并再用样机验证。只有通过周而复始的设计 - 试验 - 设计过程,产品才能达到要求的性能。这一过程是冗长的,尤其对于复杂的系统,设计周期无法缩短,更不用谈对市场的灵活反映了。样机的单机制造增加了成本,在大多数情况下,工程师为了保证产品按时投放市场而中断这一过程,使产品在上市时便有"先天不足"的毛病。在竞争激烈的市场背景下,基于物理样机上的设计验证过程严重制约了产品质量的提高、成本的降低和对市场的占有。

虚拟样机技术是从分析解决产品整体性能及其相关问题的角度出发,解决传统的设计与制造过程弊端的高新技术。在该技术中,工程设计人员可以直接利用 CAD 系统所提供的各零部件的物理信息及几何信息,在计算机上定义零部件间的连接关系并对机械系统进行虚拟装配,从而获得机械系统的虚拟样机。使用系统仿真软件可在各种虚拟环境中真实地模拟系统的运动,并对其在各种工况下的运动和受力情况进行仿真分析,观察并试验各组成部件的相互运动情况,还可以在计算机上方便地修改设计缺陷,仿真不同的设计方案,对整个系统不断进行改进,直至获得最优设计方案以后,再做出物理样机。

虚拟样机技术可使产品设计人员在各种虚拟环境中真实地模拟产品整体的运动及受力情况,快速分析多种设计方案,进行对物理样机而言难以进行或根本无法进行的试验,直到获得系统级的优化设计方案。虚拟样机技术的应用贯穿在整个设计过程当中,它可以用在概念设计和方案论证中,设计师可把自己的经验与想象结合在计算机内的虚拟样机中,充分发挥想象力和创造力。当虚拟样机用来代替物理样机验证设计时,不但可以缩短开发周期,而且设计质量和效率都得到了提高。

(2)虚拟样机技术的形成与发展。

虚拟样机技术源于对多体系统动力学的研究。工程中的对象是由大量零部件构成的系统,对它们进行优化设计与特性分析时可以分为两大类。一类称为结构,它们的特征是在正常的工况下构件间没有相对运动,如房屋、建筑与各种车辆的壳体以及各种零部件的本身。人们关心的是这些结构在受到载荷时的强度、刚度与稳定性。另一类称为机构,其特征是系统在运行过程中这些部件间存在相对运动,如航空航天器、汽车与机车、机器人等复杂机械系统。此外,在研究宇航员的空间运动或在车辆的事故中考虑乘员的运动以及运动员的动作分析时,人体也可认为是躯干与各肢体间存在相对运动的系统。上述复杂系统的力学模型为多个物体通过运动副连接的系统,称为多体系统。

对于复杂机械系统,人们关心的问题大致有两类。一是在不考虑系统运动起因的情况下研究各部件的位置与姿态以及它们的变化速度与加速度的关系,称为系统的运动学分析。运动学分析中,系统中一个或多个构件的位置或相对位置与时间的关系是规定好的,其余构件的位置、速度和加速度与时间的关系,可以通过求解位置的非线性方程组和速度、加速度的非线性方程组来确定。二是当系统受到静载荷时,确定在运动副制约下的系统平衡位置及运动副静反力,这类问题称为系统的静力学分析,此时主要是分析在各种力的作用下,各构件的受力和强度问题,讨论载荷、系统与运动的关系,即动力学问题。

研究复杂机械系统在载荷作用下各部件的动力学响应是产品设计中的重要问题。已知外力求系统运动的问题归结为求非线性微分方程的积分,称为动力学正问题。已知系统的运动确定运动副的动反力的问题是系统各部件强度分析的基础,这类问题称为动力学逆问题。现代机械系统离不开控制技术,产品设计中经常遇到这样的问题,即系统的部分构件受控,当它们按某已知规律运动时,讨论在外载荷作用下系统其他构件如何运动,这类问题称为动力学正逆混合问题。

随着国民经济的发展和国防技术的需要,机械系统越来越复杂,表现为这些系统在构型上向多回路与带控制系统的方向发展。机械系统的大型化与高速运行的工况使机械系统的动力学性态变得越来越复杂。复杂机械系统的运动学、静力学与运动学的性态分析、设计与优化向研究人员提出了更大的挑战。

20世纪60年代,古典的刚体力学、分析力学与计算机相结合的力学分支——多体系统动力学在社会生产实际需要的推动下产生了。其主要任务是建立复杂系统运动学和动力学程式化的数学模型,开发实现这个数学模型的软件系统。用户只需输入描述系统的最基本数据,借助计算机就能自动进行程式化处理,开发和实现有效的处理数学模型的计算方法与数值积分方法,自动得到运动学规律和动力学响应,实现有效的数据后处理,采用动画、图表或其他方法提供数据处理结果。目前,多体系统动力学已形成了比较系统的研究方法,其中主要有工程中常用的以拉格朗日方程为代表的分析力学方法、以牛顿-欧拉方程为代表的矢量学方法、图论方法、凯恩方法和变分方法等。

由于多体系统的复杂性,在建立系统的动力学方程时,采用系统独立的拉格朗日坐标将非常困难,而采用不独立的笛卡儿广义坐标比较方便;对于具有多余坐标的完整或非完整约束系统,用带乘子的拉格朗日方程处理是十分规格化的方法。导出的以笛卡儿广义坐标为变量的动力学约束方程是与广义坐标数目相同的带乘子的微分方程,还需要补充广义坐标代数约束方程才能封闭。Chace等应用吉尔(Gear)的刚性积分算法并采用稀疏矩阵技术提高了计算效率,编制了ADAMS程序;Haug等研究了广义坐标分类、奇异值分解等算法,编制了DADS程序。

Roberson和Wittenburg等创造性地将图论引入多体系统动力学,利用图论的一些基本概念和数学工具描述机械系统各物体之间的结构特征。借助图论工具可使各种不同结构的系统用统一的数学模型来描述,以相邻物体之间的相对位移做广义坐标导出多体系统的一般形式的动力学方程。

Schiehlen 等采用牛顿-欧拉方法对多体系统进行建模。由于随着组成多体系统物体数目的增多,物体之间的连接情况和约束方式就会变得非常复杂,当对作为隔离体的单个物体列出牛顿-欧拉方程时,铰约束力的出现使未知变量的数目明显增多,因此牛顿-欧拉方法必须加以发展,制定出便于计算机识别的刚体联系情况和铰约束形式的程式化,并自动消除铰的约束能力。Schiehlen 等在列出牛顿-欧拉方程后,将不独立的笛卡儿广义坐标变换成独立变量,对完整约束系统用达伦贝尔原理消除约束反力,对于非完整约束,则运用 Jordan 原理消除约束反力,最后得到与系统自由度数目相同的动力学方程,并编制了计算机程序 NEWEUL。

尽管虚拟样机技术的核心是机械系统运动学、动力学和控制理论,但如果没有成熟的二维计算机图形技术和基于图形的用户界面技术,虚拟样机技术也不会成熟。虚拟样机技术在技术与市场两个方面的成熟也与 CAD 技术的成熟及大规模推广应用分不开。首先,CAD 中的二维几何造型技术能够使设计师们的精力集中在创造性设计上,把绘图等烦琐的工作交给计算机去做。这样,设计师就有额外的精力关注设计的正确与优化问题。其次,二维造型技术使虚拟样机技术中的机械系统描述问题变得简单。第三,由于 CAD 强大的二维几何编辑修改技术,使机械系统设计的快速修改变为可能,在此基础上,在计算机上的设计-试验-设计的反复过程才有时间上的意义。

虚拟样机技术的发展也直接受其构成技术的制约,主要表现在对计算机硬件的依赖上。数值方法上的进步发展也会对基于虚拟样机的仿真速度及精度有积极的影响。

综上所述,虚拟样机技术是许多技术的综合,其核心部分是多体系统运动学与动力学建模理论及其技术实现,数值算法提供了求解这种问题的有效快速算法,CAD/CAE 等技术的发展为虚拟样机技术的应用提供了技术环境。

(3)虚拟样机技术的应用。

机械系统的种类繁多,虚拟样机分析软件在进行机械系统运动学和动力学分析时,还需要融合其他相关技术。为了充分发挥不同分析软件的特长,有时可能希望虚拟样机软件支持其他机械系统计算机辅助工程(Mechanical Computer Aid Engineering,MCAE)软件,或者反过来,虚拟样机软件的输入数据可以由其他的专用软件产生。

一个优秀的虚拟样机分析软件除了可以进行机械系统运动学和动力学分析,还应包含以下技术:

①几何形体的CAD软件和技术。用于机械系统的几何建模,或者用来展现机械系统的仿真分析结果。

②有限元分析软件和技术。可以利用机械系统的运动学和动力学分析的结果,确定进行有限元分析的外力和边界条件。或者利用有限元分析对构件应力、应变和强度进行进一步的分析。

③模拟各种作用力的软件编程技术。虚拟样机软件运用开发式的软件编程技术来模拟各种力和动力,如风力、电动力等,以适应各种机械系统的要求。

④利用试验装置的结果进行某些构件的建模。试验结果经过线性化处理输入机械系统,成为机械系统模型的一个组成部分。

⑤控制系统的设计与分析软件技术。虚拟样机软件可以运用传统和现代的控制理论,进行机械系统的运动仿真分析。或者可以应用其他专用的控制系统分析软件,进行机械系统和控制系统的联合分析。

⑥优化分析软件和技术。运用虚拟样机技术进行机械系统的优化设计和分析,是一个重要的应用领域。通过优化分析,确定最佳设计结构和参数值,可使机械系统获得最佳的综合性能。

虚拟样机技术的研究范围主要是机械系统运动学和动力学分析,其核心是利用计算机辅助分析技术进行机械系统的运动学和动力学分析,以确定系统及其各构件在任意时刻的位置、速度和加速度。同时,通过求解代数方程组确定引起系统及其各构件运动所需的作用力及其反作用力。

虚拟样机技术已经广泛应用于汽车制造业、工程机械、航天航空业、国防工业及通用机械制造等领域。应用虚拟样机技术,可以在计算机上建立样机模型,对模型进行各种动态性能分析,然后改进样机设计方案,用数字化形式代替传统的实物样机试验。运用虚拟样机技术,可以大大简化机械产品的设计开发过程,大幅缩短产品开发周期,大量减少产品的开发费用和成本,明显提高产品质量与系统性能,获得最优化和创新的设计产品。

3.3 基于 ADAMS 的车辆仿真模型

3.3.1 ADAMS 软件及计算方法

(1) ADAMS 软件简介。

ADAMS 软件是美国 MDI 公司开发的机械系统动力学仿真分析软件。它使用交互式图形环境和零件库、约束库、力库,创建完全参数化的机械系统几何模型。其求解器采用多刚体系统动力学理论中的拉格朗日方程方法,建立系统动力学方程,对虚拟机械系统进行静力学、运动学、动力学分析,输出位移、速度、加速度和反作用力曲线。

ADAMS 软件的仿真可用于预测机械系统的性能、运动范围、碰撞检测、峰值载荷及有限元的输入载荷等。它的核心仿真软件包括交互式图形环境 ADAMS/View 和仿真求解器 ADAMS/Solver,以及其他扩展模块。

ADAMS/View(界面模块)是以用户为中心的交互式图形环境,它提供丰富的零件几何图形库、约束库和力库,将便捷的图标操作、菜单操作、鼠标点取操作与交互式图形建模、仿真计算、动画显示、优化设计、$X-Y$ 曲线图处理、结果分析和数据打印等功能集成在一起。

ADAM/Solver(求解器)是 ADAMS 软件的仿真核心,它自动形成机械系统模型的动力学方程,提供静力学、运动学和动力学的解算结果。ADAMS/Solver 有各种建模和求解选项,以便精确有效地解决各种工程问题。

(2) 建模理论基础。

①初始条件分析。

在多体系统中,将物体之间的运动学约束定义为铰;物体之间的相互作用定义为力元(内力),力元是对系统中弹簧、阻尼器、制动器的抽象,理想的力元可抽象为统一形式的移动弹簧、阻尼器、制动器,或扭转弹簧、阻尼器、制动器;多体系统外的物体对系统中物体的作用定义为外力(偶)。在进行动力学分析之前,初始条件通过分析通解相应的位置、速度、加速度的目标函数最小值得到。ADAMS 软件采用世界上广泛流行的多刚体系统动力学理论中的拉格朗日方程方法,建立系统动力学方程,选取系统内每个刚体质心在惯性参考系中的三个直角坐标和确定刚体方位的三个欧拉角作为笛卡儿广义坐标,用带乘子的拉格朗日方程处理具有多余坐标的完整约束系统或非完整约束系统,导出以笛卡儿广义坐标为变量的运动学方程。以笛卡儿坐标和欧拉角参数描述物体的空间位形,用吉尔刚性积分解决稀疏矩阵的求解问题,核心为 ADAMS/View 与 ADAMS/Solver,提供了多种功能成熟的解算器,可对所建模型进行运动学、静力学及动力学分析。

a. 广义坐标。动力学方程的求解速度很大程度上取决于广义坐标的选择。为了解析描述方位,必须规定一组转动广义坐标来表示方向余弦矩阵。ADAMS 软件中用刚体 i 的质心笛卡儿坐标和反映刚体方位的欧拉角作为广义坐标,即 $\boldsymbol{q}_i = [x,y,z,\psi,\theta,\varphi]_i^T$,$\boldsymbol{q} = [\boldsymbol{q}_1^T,\boldsymbol{q}_2^T,\cdots,\boldsymbol{q}_n^T]$,每个刚体用六个广义坐标描述。由于采用了不独立的广义坐标,系统动力学方程组数量庞大,但却是高度稀疏耦合的微分代数方程,适于用稀疏矩阵的方法高效求解。

b. 初始位置。定义相应的位置目标函数为 L_0,有

$$L_0 = \frac{1}{2}\sum_{i=1}^{n}W_i(\boldsymbol{q}_i - \boldsymbol{q}_{0i})^2 + \sum_{j=1}^{m}\lambda_j^0 \varphi_j \qquad (3-1)$$

式中　n——系统的广义坐标数;

m——系统的约束方程数;

φ_j、λ_j^0——约束方程及对应的拉氏乘子;

$\boldsymbol{q}_{0i}$——用户设定准确的或近似的初始坐标值或程序设定的缺省坐标值;

W_i——对应 $\boldsymbol{q}_{0i}$ 的加权系数。

若 L_0 取最小值,则 $\dfrac{\partial L_0}{\partial q_i} = 0$,$\dfrac{\partial L_0}{\partial \lambda_j^0} = 0$,得

$$\begin{cases} W_i(\boldsymbol{q}_i - \boldsymbol{q}_{0i}) + \sum_{j=1}^{m} \lambda_j^0 \frac{\partial \varphi_j}{\partial q_j} = 0, & i = 1,2,\cdots,n;\quad j = 1,2,\cdots,m \\ \varphi_j = 0 \end{cases}$$

(3-2)

对应函数形式：

$$f_i(q_k, \lambda_l^0) = 0 \quad g_j(q_k) = 0, k = 1,2,\cdots,n;\quad l = 1,2,\cdots,m$$

牛顿-拉弗逊迭代公式为

$$\begin{bmatrix} W_i + \sum_{k=1}^{n}\sum_{j=1}^{m} \lambda_j^0 \frac{\partial^2 \varphi_j}{\partial q_k \partial q_i} & \sum_{j=1}^{m} \frac{\partial \varphi_j}{\partial q_i} \\ \sum_{k=1}^{n} \frac{\partial \varphi_j}{\partial q_k} & 0 \end{bmatrix} \begin{Bmatrix} \Delta q_k \\ \Delta \lambda_l^0 \end{Bmatrix}_p = \begin{Bmatrix} -W_i(q_{ip} - q_{0i}) - \sum_{j=i}^{m} \lambda_{j,p}^0 \frac{\partial \varphi_j}{\partial q_i} \\ -\varphi_j(q_{kp}) \end{Bmatrix}$$

(3-3)

式中　$\Delta q_{k,p} = q_{k,p+1} - q_{k,p}$；$\Delta \lambda_{l,p}^0 = \lambda_{l,p+1}^0 - \lambda_{l,p}^0$，下标 p 表示第 p 次迭代。

c. 初始速度。

定义相应的速度目标函数为 L_1，有

$$L_1 = \frac{1}{2} \sum_{i=1}^{n} W_i'(\dot{q}_i - \dot{q}_{0i})^2 + \sum_{j=1}^{m} \lambda_j' \frac{\mathrm{d}\varphi_j}{\mathrm{d}t}$$

(3-4)

式中　$\dot{q}_{0i}$——用户设定的准确的或近似的初始速度值或程序设定的缺省值；

　　　W_i'——对应 $\dot{q}_{0i}$ 的加权系数；

　　　λ_j'——对应速度约束方程的拉氏算子；

　　　$\dfrac{d\varphi_j}{dt}$——速度约束方程，表达式为 $\dfrac{\mathrm{d}\varphi_j}{\mathrm{d}t} = \sum_{k=1}^{n} \dfrac{\partial \varphi_j}{\partial q_k}\dot{q}_k + \dfrac{\partial \varphi_j}{\partial t} = 0$。

若 L_1 取最小值，则 $\dfrac{\partial L_1}{\partial \dot{q}_i} = 0, \dfrac{\partial L_1}{\partial \lambda_j'} = 0$，得

$$\begin{bmatrix} W_k' \sum_{j=1}^{m} \dfrac{\partial \varphi_j}{\partial qk} \\ \sum_{k=1}^{n} \dfrac{\partial \varphi_j}{\partial q_k} & 0 \end{bmatrix} \begin{Bmatrix} \dot{q}_k \\ \lambda_j' \end{Bmatrix} = \begin{Bmatrix} W_k' \dot{q}_{0k} \\ -\dfrac{\partial \varphi_j}{\partial t} \end{Bmatrix}, \quad k = 1,2,\cdots,n;\quad j = 1,2,\cdots,m$$

(3-5)

式(3-5)中的系数矩阵只与位置有关,且非零项已经分解,可直接求解 $\dot{q}_k$ 和 λ'_j。

d. 初始加速度。

初始加速度、初始拉氏乘子可直接由系统动力学方程和系统约束方程的二阶导数确定,写成分量形式:

$$\begin{cases} \sum_{k=1}^{m}(m_{ik}(q_k))\ddot{q}_k + \sum_{j=1}^{m}\lambda_i\frac{\partial \varphi_j}{\partial q_i} = Q_i(q_k,\dot{q}_k,t) \\ \frac{\mathrm{d}^2\varphi_j}{\mathrm{d}t^2} = \sum_{i=1}^{n}(\frac{\partial \varphi_j}{\partial q_i})\ddot{q}_i - h_j(q_k,\dot{q}_k,t) = 0 \end{cases} \quad i=1,2,\cdots,n;\quad j=1,2,\cdots,m$$

(3-6)

$$h_j = -\left\{\frac{\partial^2\varphi_j}{\partial t^2} + \sum_{i=1}^{n}\frac{\partial}{\partial t}(\frac{\partial \varphi_j}{\partial q_i})\dot{q}_i + \sum_{i=1}^{n}\frac{\partial}{\partial q_i}(\frac{\partial \varphi_j}{\partial t})\dot{q}_i + \sum_{i=1}^{n}\sum_{k=1}^{n}(\frac{\partial^2\varphi_j}{\partial q_k\partial q_i})\dot{q}_k\dot{q}_i\right\}$$

矩阵形式为

$$\begin{bmatrix} \sum_{k=1}^{n}m_{ik}(q_k) & \sum_{j=1}^{m}\frac{\partial \varphi_j}{\partial q_i} \\ \sum_{k=1}^{n}\frac{\partial \phi_j}{\partial q_k} & 0 \end{bmatrix}\begin{Bmatrix} \ddot{q}_k \\ \lambda_j \end{Bmatrix} = \begin{Bmatrix} Q_i \\ h_j \end{Bmatrix}, i=1,2,\cdots,n;\quad j=1,2,\cdots,m$$

(3-7)

式中的非零项已分解,可求 $\ddot{q}_k$ 和 λ_j。

② 运动学分析。

运动学分析主要研究零自由度系统的位置、速度、加速度和约束反力,因此只需求解系统约束方程:

$$\Phi(q,t) = 0 \qquad (3-8)$$

由约束方程的牛顿-拉弗逊迭代方法确定任一时刻 t_n 的位置,求得

$$\frac{\partial \Phi}{\partial q}\bigg|_j \Delta q_j = \Phi(q_j,t_n) \qquad (3-9)$$

式中,$\Delta q_j = q_{j+1} - q_j$,$j$ 表示第 j 次迭代。

t_n 时刻速度、加速度的确定,可由约束方程求一阶、二阶时间导数得到,即

$$\frac{\partial \Phi}{\partial q}\dot{q} = \frac{\partial \Phi}{\partial t} \tag{3-10}$$

$$\left(\frac{\partial \Phi}{\partial q}\right)\ddot{q} = -\left\{\frac{\partial^2 \Phi}{\partial t^2} + \sum_{k=1}^{n}\sum_{l=1}^{n}\frac{\partial^2 \Phi}{\partial q_k \partial q_l}\dot{q}_k\dot{q}_l + \frac{\partial}{\partial t}\left(\frac{\partial \Phi}{\partial q}\right)\dot{q} + \frac{\partial}{\partial q}\left(\frac{\partial \Phi}{\partial t}\right)\dot{q}\right\}$$
$$\tag{3-11}$$

t_n 时刻约束反力的确定,可由带乘子的拉格朗日方程得到。

③动力学分析。

a. 动力学方程的建立。

ADAMS 程序采用拉格朗日乘子法建立系统动力学方程:

$$\begin{cases} \dfrac{\mathrm{d}}{\mathrm{d}t}\left(\dfrac{\partial \boldsymbol{T}}{\partial \dot{\boldsymbol{q}}}\right)^{\mathrm{T}} - \left(\dfrac{\partial \boldsymbol{T}}{\partial \boldsymbol{q}}\right)^{\mathrm{T}} + \varphi_q^{\mathrm{T}}\boldsymbol{p} + \theta_{\dot{q}}^{\mathrm{T}}\boldsymbol{\mu} - \boldsymbol{Q} = 0 \\ \varphi(\boldsymbol{q},t) = 0 \\ \theta(\boldsymbol{q},\dot{\boldsymbol{q}},t) = 0 \end{cases} \tag{3-12}$$

式中　$\varphi(\boldsymbol{q},t) = 0$——完整约束方程;

　　　$\theta(\boldsymbol{q},\dot{\boldsymbol{q}},t) = 0$——非完整约束方程;

　　　$\boldsymbol{T}$——系统能量,$T = \dfrac{1}{2}(\boldsymbol{M}\cdot\boldsymbol{v}\cdot\boldsymbol{v} + \boldsymbol{\omega}\cdot\boldsymbol{I}\cdot\boldsymbol{\omega})$;

　　　$\boldsymbol{q}$——广义坐标列阵;

　　　$\boldsymbol{Q}$——广义力列阵;

　　　$\boldsymbol{p}$——对应于完整约束的拉氏乘子列阵;

　　　$\boldsymbol{\mu}$——对应于非完整约束的拉氏乘子列阵;

　　　$\boldsymbol{M}$——质量列阵;

　　　$\boldsymbol{v}$——广义速度列阵;

　　　$\boldsymbol{I}$——转动惯量列阵;

　　　$\boldsymbol{\omega}$——广义角速度列阵。

对于有 n 个自由度的力学系统,确定 n 个广义速率以后,即可计算出系统内各质点及各刚体相应的偏速度及偏角速度,以及相应的 n 个广义主动力及广义惯性力。令每个广义速率所对应的广义主动力与广义惯性力之和为零,所得到的 n 个标量方程即称为系统的动力学方程,也称凯恩方程,即

$$F^{(r)} + F^{*(r)} = 0, \quad r = 1, 2, \cdots, n \tag{3-13}$$

其矩阵形式为：$F + F^* = 0$。

其中，F、F^* 为 N 阶列阵，定义为 $F = [F^{(1)} \cdots F^{(N)}]^T$，$F^* = [F^{*(1)} L F^{*(N)}]^T$。

令 $v = \dot{q}$，$\dot{v} = \ddot{q}$，则系统运动方程可化成动力学方程：

$$\begin{cases} F(q, v, \dot{v}, \lambda, t) = 0 \\ G(v, \dot{q}) = v - \dot{q} = 0 \\ \Phi(q, t) = 0 \end{cases} \tag{3-14}$$

式中 q——广义坐标列阵；

$\dot{q}$，v——广义速度列阵；

λ——约束反力及作用力列阵；

F——系统动力学微分方程及用户定义的微分方程；

Φ——描述完整约束的代数方程列阵；

G——描述非完整约束的代数方程列阵。

b. 动力学方程求解。

应用 ADAMS 软件建立的多体模型，其动力学方程一般为隐式、非线性的微分－代数混合方程，对此采用吉尔预测校正算法求解较好，求解后可得到系统中所有部件的边界条件，即力、速度、加速度。进行动力学分析时，ADAMS 软件采用两种算法，分为两种积分器：刚性积分器和非刚性积分器。

（a）刚性积分器。刚性积分器有 GSTIFF（Gear）积分器、WSTIFF（Wielenga Stiff）积分器、DSTIFF（DASSAL）积分器和 SI2－GSTIFF（Stabilized Index－2）积分器。这四种积分器都使用 BDF（Back－Difference－Formulae）算法，前三种积分器采用牛顿－拉弗逊迭代方法来求解稀疏耦合的非线性运动学方程，适于模拟刚性系统（特征值变化范围大的系统）。

（b）非刚性积分器非刚性的 ABAM（Adams-Bashforth-Adams-Moulton）积分器采用坐标分离算法来求解独立坐标的微分方程，这种方法适于非刚性的系统，模拟特征值经历突变的系统或高频系统。

c. 微分－代数方程的求解算法。

根据当前时刻的系统状态矢量值，用泰勒级数预估下一个时刻的状态

矢量值:

$$y_{n+1} = y_n + \frac{\partial y_n}{\partial t}h + \frac{1}{2!}\frac{\partial^2 y_n}{\partial t^2}h^2 + \cdots \quad (3-15)$$

式中 h——时间步长,$h = t_{n+1} - t_n$。

这种预估算法得到的新时刻系统状态矢量值通常不准确,即式(3-15)右边项不等于零,可由吉尔 $K+1$ 阶积分求解程序(或其他向后差分积分程序)来校正,得

$$y_{n+1} = -h\beta_0 \dot{y}_{n+1} + \sum_{i=1}^{k} a_i y_{n-i+1} \quad (3-16)$$

式中 y_{n+1}——$y(t)$ 在 $t = t_{n+1}$ 时刻的近似值;

β_0、a_i——吉尔积分程序的系数值。

重写式(3-16)得

$$\dot{y}_{n+1} = \frac{-1}{h\beta_0}[y_{n+1} - \sum_{i=1}^{k} a_i y_{n-i+1}] \quad (3-17)$$

将式(3-12)在 $t = t_{n+1}$ 时刻展开得

$$\Phi(q_{n+1}, t_{n+1}) = 0 \quad (3-18)$$

将式(3-18)在 $t = t_{n+1}$ 时刻展开得

$$\begin{cases} F(q_{n+1}, v_{n+1}, \dot{v}_{n+1}, \lambda_{n+1}, t_{n+1}) = 0 \\ G(v_{n+1}, q_{n+1}) = v_{n+1} - \dot{q}_{n+1} = v_{n+1} - \left(\frac{-1}{h\beta_0}\right)\left(q_{n+1} - \sum_{i=1}^{k} a_i q_{n-i+1}\right) = 0 \\ \Phi(q_{n+1}, t_{n+1}) = 0 \end{cases}$$

$$(3-19)$$

ADAMS 软件使用修正的牛顿 - 拉弗逊迭代方法求解上面的非线性方程,其迭代校正式为

$$\begin{cases} F_j + \frac{\partial F}{\partial q}\Delta q_j + \frac{\partial F}{\partial v}\Delta v_j + \frac{\partial F}{\partial \dot{v}}\Delta \dot{v}_j + \frac{\partial F}{\partial \lambda}\Delta \lambda_j = 0 \\ G_j + \frac{\partial G}{\partial q}\Delta q_j + \frac{\partial G}{\partial v}\Delta_j = 0 \\ \Phi_j + \frac{\partial \Phi}{\partial q}\Delta q_j = 0 \end{cases} \quad (3-20)$$

式中 j——第 j 次迭代，$\Delta q_j = q_{j+1} - q_j$，$\Delta v_j = v_{j+1} - v_j$，$\Delta \lambda_j = \lambda_{j+1} - \lambda_j$。

由式(3-17)知

$$\Delta \dot{v}_j = -\left(\frac{1}{h\beta_0}\right)\Delta v_j \quad (3-21)$$

由式(3-19)知

$$\frac{\partial G}{\partial q} = \left(\frac{1}{h\beta_0}\right)I, \quad \frac{\partial G}{\partial v} = I \quad (3-22)$$

将式(3-21)、式(3-22)代入式(3-20)得

$$\begin{bmatrix} \dfrac{\partial F}{\partial q} & \dfrac{\partial F}{\partial v} - \dfrac{1}{h\beta_0}\dfrac{\partial F}{\partial \dot{v}} & \left(\dfrac{\partial \boldsymbol{\Phi}}{\partial q}\right)^\mathrm{T} \\ \left(\dfrac{1}{h\beta_0}\right)\dfrac{\partial G}{\partial v} & \dfrac{\partial G}{\partial v} & 0 \\ \dfrac{\partial \boldsymbol{\Phi}}{\partial q} & 0 & 0 \end{bmatrix} \begin{Bmatrix} \Delta q \\ \Delta v \\ \Delta \lambda \end{Bmatrix} = \begin{Bmatrix} -F \\ -G \\ -\boldsymbol{\Phi} \end{Bmatrix} \quad (3-23)$$

式中 $\dfrac{\partial F}{\partial q}$——系统刚度阵(力相对广义坐标的雅可比矩阵)；

$\dfrac{\partial F}{\partial v}$——系统阻尼阵(力相对广义速度的雅可比矩阵)；

$\dfrac{\partial F}{\partial \dot{v}}$——系统质量阵(力相对广义加速度的雅可比矩阵)。

式(3-23)左边的系数矩阵称为系统的雅可比矩阵。通过分解系统雅可比矩阵(为了提高计算效率，ADAMS 采用符号方法分解矩阵)求解 Δq_j、Δv_j、$\Delta \lambda_j$，计算出 q_{j+1}、v_{j+1}、λ_{j+1}、$\dot{q}_{j+1}$、$\dot{v}_{j+1}$、$\dot{\lambda}_{j+1}$，重复上述迭代校正步长，直到满足收敛条件。最后是积分误差控制步骤，如果预估值与校正值的差值小于规定的积分误差限，接受该解，进行下一时刻 $t = t_{n+1}$ 的求解；否则拒绝该解，并减小积分步长，重新进行预估，即校正过程。

d. 控制数值发散方法。

在 ADAMS 软件中对模型求解计算时，有时会发生数值发散的问题，以至于仿真计算终止。只有解决了数值发散的问题，才能使仿真进行下去。针对上面讨论的数值发散的原因，采用如下相应的技巧加以解决。

(a)消除不连续的函数。在建模中尽量不使用 IF 突变函数,而采用 STEP、STEPS 和 IMPACT 等函数代替。

(b)检查模型的自由度是否正确,是否存在近似为零的动力学参数。

(c)选择正确的系统阻尼值。

(d)对积分程序和积分控制参数进行合理的选择。三种积分程序的数值计算稳定性关系为:BDF > DSTIFF > GSTIFF;三种积分程序的数值计算效率关系为:GSTIFF > DSTIFF > BDF。这三种积分程序适用于模拟刚性系统(特征值变化范围大的系统),而 ABAM 积分程序适用于模拟经历突变或频率高的系统。使用中应针对所研究的机械系统选用适合的积分程序和控制参数,如最大迭代次数、是否重新分解雅可比矩阵、积分误差等,它们通常会有助于求解的收敛性,但积分误差精度过低会影响求解的准确性。

3.3.2 模块化建模方法

ADAMS 软件由基本模块、扩展模块、接口模块、专业领域模块及工具箱五类模块组成。用户不仅可以采用通用模块对一般的机械系统进行仿真,而且可以采用专业模块针对特定工业应用领域的问题进行快速有效的建模与仿真分析。

(1)ADAMS 软件建模流程。

ADAMS 软件的整个计算过程(指从数据的输入到结果的输出,不包括前、后处理功能模块)可以分成数据的输入、数据的检查、机构的装配及过约束的消除、运动方程的自动形成、积分迭代运算过程、运算过程中的错误检查和信息输出与结果的输出七部分。

ADAMS 软件本身具有较完善的前处理和后处理模块。它也有广泛的 CAD/CAM 系统接口,如 ARIES、CADAM、Schlumberger 等 CAD/CAM 系统。因此,ADAMS 软件既可在字符终端上独立运行,又可在图形终端上利用软件的功能作为辅助手段运行,结果可在绘图机上直接绘出。对于汽车系统,由于输出变量为标准变量(位移、速度、加速度、力等),此时仅用 ADAMS 软件的核心计算模块,前、后处理均采用 Schlumberger 提供的图形软件

BRAV03 中 MECHANISM 的图形处理功能运行计算较为便利。

应用 ADAMS 软件建立车辆仿真模型有以下几个步骤：

①机械系统的物理抽象。

②获取模型的运动学(几何定位)参数,建立抽象系统的运动部件和约束,从而建立运动学模型,校验模型的自由度及正确性。

③获得模型的动力学参数,定义模型中部件、铰链与弹性元件及外界条件,建立动力学模型。

④对动力学模型进行调整与仿真计算。

⑤对仿真计算结果进行后处理。

（2）ADAMS/Car 模块。

ADAMS/Car 是 MDI 公司与奥迪、宝马、雷诺和沃尔沃等公司合作开发的整车设计软件包,集成了它们在汽车设计、开发等方面的经验。ADAMS/Car 是一种基于模板的建模和仿真工具,大大简化了建模的过程。用户只需在模板中输入必要的数据,就可以快速建造包括车身、悬架、传动系统、发动机、转向机构、制动系统等在内的高精度的整车虚拟样机并进行仿真。

利用 ADAMS/Car 的数据库功能,可以有效地选择衬套、限位块、减振器等,以装配各个子系统,节约用户每次重复输入数据的时间。

通过高速动画直观地显示在各种试验工况下的整车动力学响应,并输出标志操纵稳定性、制动性、乘坐舒适性和安全性的特征参数,从而减少对物理样机的依赖。

在建立分析汽车模型的过程中,ADAMS/Car 的建模顺序是自下而上的,先在模板界面建立各模板,再由各模板生成子系统,最后由子系统和试验台装配成汽车模型。模板是整个模型中最基本的模块,又是整个建模过程中最重要的部分,汽车模型的绝大部分建模工作都是在模板阶段完成的。ADAMS/Car 还有一个非常重要的好处,即在建模过程中,如果汽车模型上的构件和系统是关于纵向对称的,那么软件操作人员只需建立左边或右边的 1/2 模型,再选择对称,另一半就会根据对称性自动生成。

在 ADAMS/Car 模块中建立整车虚拟样机仿真模型大致有如下步骤：

①整车各个机械系统的分解及物理模型的抽象。

②获取各个系统的结构参数,在 ADAMS/Car 模块中建立各模板文件。

③获取各个系统的几何参数、物理参数和力学特性参数,将其运用到上一步骤建立的各个模板文件中。

④将各子系统的 Subsystem 文件通过子系统间的通信器(Communicator)建立整车模型 Assembly 文件。

⑤根据各自不同的需要进行整车仿真,对各个子系统的参数进行调整。

⑥针对仿真结果进行后处理。

⑦善于利用 ADAMS 软件中自带的模板。

应当指出,要想得到比较精确的整车虚拟样机模型,步骤③需要经过反复的验证,因此,在模型建立之前,要获取各系统相应的特征参数,可以减小整车调整过程的难度。

在建立模板阶段,正确建立零部件间的连接关系和通信器是至关重要的,这些数据在以后的子系统和总成阶段无法更改,而零部件的位置和特征参数在后续过程中可以更改。零部件之间的连接可以用铰链连接,也可用橡胶衬套(或弹簧)连接,二者的区别在于铰链连接是刚性连接,不允许过约束运动,橡胶衬套和弹簧则属于柔性连接。

3.3.3 车辆动力学建模

运用 ADAMS 软件建立的汽车整车、悬架、转向系统的多体力学模型,不仅能详细描述悬架、转向系统各部分零部件及其连接关系,而且可考虑连接件的柔性及局部零件的柔性,使整车模型能更真实地逼近实车。

当然,汽车是一个非常复杂的机械系统,如果按照车辆的真实构造进行建模,工作量非常大,也是无法实现的。因此,在建模过程中,可以根据研究目的在建模时对车辆的结构进行适当抽象和简化,本书对建立的整车动力学模型做了如下假设:

①对动力传动系统做相应简化,只考虑传动系半轴以后的动力传递,即驱动力矩直接加在等速万向节处。

②对于刚体之间的连接柔性做适当的简化,用线性(或非线性)弹性橡胶衬套来模拟实际工况下的动力学特性。

③除了轮胎、阻尼元件、弹性元件、橡胶元件以外,其余零件视为刚体,在仿真分析过程中不考虑它们的变形。

④各运动副内的摩擦力忽略不计。

车辆坐标系采用笛卡儿直角坐标系。当车辆在水平路面上处于静止状态时,x 轴定义为平行于地面指向前进方向,z 轴为垂直地面指向上方,y 轴为驾驶员左侧,坐标系的原点为车轮中心线与汽车前进面的交点。与操纵稳定性和平顺性有关的主要运动参数有车厢角速度在 z 轴上的分量——汽车横摆角速度、汽车质心速度在 y 轴上的分量——侧向速度 v、汽车质心加速度在 y 轴上的分量——侧向加速度 a_y 等。

模型参数的精度是影响模型分析精度的主要因素。因此,模型参数的准备工作在建模过程中有非常重要的作用。

建立车辆仿真模型所需的参数,可以总结归纳为四类:运动学参数、质量特性参数、力学特性参数与外界参数。获得模型参数有图纸查阅法、试验法、计算法、CAD 建模法等。

①运动学(几何定位)参数。运动学参数即是车辆的相关运动部件的几何定位参数。在应用多体系统动力学理论建立车辆仿真模型时,需要依据车辆的具体结构形式,在模型中输入各运动部件之间的安装连接位置与相对角度等参数。这些参数决定了车辆各运动部件的空间运动关系。运动学参数一般可以在汽车的设计图纸中查得。应该注意的是,各运动部件的相对连接位置应在统一的整车参考坐标系中测量。

②质量特性参数。在机械振动系统中,系统本身的质量、质心、转动惯量等决定了系统的特性。质量特性参数由各个运动部件的质量、质心、转动惯量等参数组成。其中,质心、转动惯量等与测量时选取的参考坐标有关。零部件的质量一般应在设计图纸上查得。运动部件的质心与转动惯量的参数查取,可以通过称重、计算、试验等方法获得。基于 ADAMS/Car 的虚拟样机设计与 CAD 技术的发展,提供了测量运动部件质心与转动惯量的新方法。

③力学特性参数。力学特性一般指系统的刚度、阻尼等特性。这些零部件的特性对汽车的各项性能,特别是操纵性和平顺性等具有决定性的影响。车辆有关零部件的刚度、阻尼等特性,一般也可在设计图纸中查得。

④外界参数。车辆的使用环境是进行车辆动力学仿真的外界条件。外界条件有很多,如汽车行驶道路的道路谱、高速行驶时的侧向风力等,都会影响汽车动力学性能。

因此,建立整车虚拟样机仿真模型,参数需要量大,精度要求高,准备工作量大。

3.4 各零部件模板创建

3.4.1 动力传动系统的构建

动力传动系统主要包括为汽车提供动力源的发动机、变速器和主减速器,建立模型时使用 ADAMS 自带的模板,根据需要自行更改即可。模型本身并未包含一些高速旋转的部件,只用一个圆柱体、两个长方体来替代发动机、变速器和散热器的功能。本书建立的模型所参考的车辆为奇瑞 A3,驱动形式为前置前驱,该车所采用的发动机额定转矩/转速为 147 N·m/(4 300 ~ 4 500 r/min),变速器可以实现 5 个挡位的变化,1 挡到 5 挡的传动比分别为 3.545、2.048、1.346、0.972 和 0.816,主减速器减速比为 4.187 5;变速器处于 1 挡到 5 挡时,传动系统的总传动效率分别为 0.950 4、0.950 4、0.955 4、0.960 3 和 0.960 3。以 ADAMS 自带模板为基础,按照相应参数进行修改,所建立的动力传动系统模型如图 3 - 9 所示。需要修改的参数包括发动机 MAP 图、发动机怠速转速、发动机的转动惯量、发动机极限转速和变速器挡位数及各挡位传动比等。

3.4.2 转向系统模型的构建

拟建立模型的参考车辆,转向系采用齿轮齿条式转向结构,转向操纵机

图 3-9 动力传动系统模型

构主要由转向盘、转向轴、转向管柱等组成,主要用来传递转向盘的操纵力。转向器是用来把转向盘的旋转运动转化为近似于直线运动的一组齿轮机构,也是一种减速传动装置。各组成部件之间用相应的运动副来连接。对转向系统进行合理简化,转向系统模型的拓扑结构关系图如图 3-10 所示。

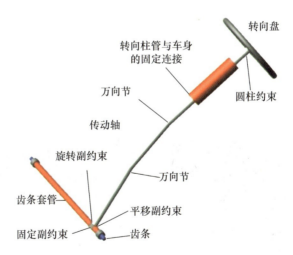

图 3-10 转向系统模型的拓扑结构关系图

在建立转向系统模型时,需要考虑转向系统总成的扭转刚度和阻尼特性,为此需要进行转向系统扭转试验。转向系统的刚度主要由三部分组成:①转向管柱总成扭转刚度,指转向盘到转向器输入轴端的扭转刚度,包括转向轴、转向传动轴及万向节的扭转刚度;②动力转向器转向控制扭力杆扭转刚度;③转向齿条套管与车身连接衬套刚度,指转向器的固定刚度。此外,还有转向横拉杆的柔性等。本书将三部分的刚度特性综合起来称为转向系统综合刚度。

(1)综合刚度试验。

在进行转向系统扭转试验时,首先设计安装车轮固定装置,将其固定到试验平台上,试验时将车辆现有车轮卸下,利用车轮安装螺栓连接车轮固定装置与车辆,并保证扭转试验过程中车辆前轮处于固定状态,以测量转向系统的静刚度特性及阻尼特性。在试验过程中,操纵转向盘的力矩和转角采用 EDS – 40A 系统测量。同时利用百分表测量转向拉杆的位移变化,以计算转向拉杆的综合刚度和阻尼特性。车轮固定装置如图 3 – 11 所示,位移测量用百分表如图 3 – 12 所示。试验时,分别固定前外及前内车轮,在无助力的情况下将转向盘从中间位置起向左侧(或右侧)方向连续转动,使转向盘转角增加至 30°,然后将转向盘向另一侧方向连续转动使转向盘转角增加至 – 30°,再将转向盘转回到中间位置时停止,记录转向盘力矩和转角,固定右前轮的测量结果与固定左前轮的测量结果分别如图 3 – 13、图 3 – 14 所示。固定左前轮转向试验时,由于左右转向拉杆刚度不同,最大转向盘转角为 25°。

图 3 – 11　车轮固定装置

图 3 – 12　位移测量用百分表

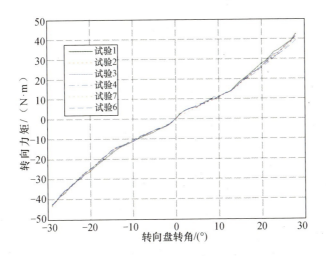

图3-13 固定右前轮的测量结果

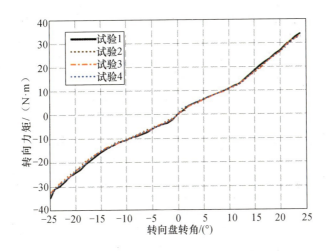

图3-14 固定左前轮的测量结果

通过对测量数据进行整理,得出如下结论:

①当转向盘转角小于10°时,固定左前轮顺时针转动转向盘、固定左前轮逆时针转动转向盘、固定右前轮顺时针转动转向盘及固定右前轮逆时针转动转向盘所得到的四条综合刚度曲线基本重合。随着转向盘转角的增加,

刚度曲线重合趋势减弱。即当作用在转向盘上的转矩小于 10.789 1 N·m 时，转向系统综合刚度相同，平均值约为 1.1 N·m/(°)。

② 标准规定，当作用在转向盘上的转向力 $F_h \geqslant 25 \sim 190$ N 时，动力转向器应该开始工作。也就是对于乘用车而言，当转向力大于 25~50 N 时，转向助力开始起作用。本试验中，作用在转向盘上的转矩为 10.789 1 N·m 时，作用在转向盘上的力为 53.95 N（转向盘半径为 200 mm），此时液力助力器已经开始起作用。故转向系统的综合刚度可以只考虑小于 10.789 1 N·m 以下的曲线。对测量所得的试验数据进行整理，计算出转向系统的综合刚度特性如图 3-15 所示。

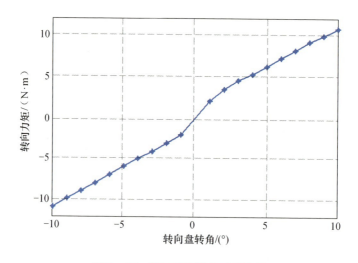

图 3-15 转向系统综合刚度特性

在测量转向系统运动的同时，还利用百分表测量了转向拉杆的横向位移，将测量结果进行均值处理，得到转向拉杆平均位移曲线，如图 3-16 所示。从试验结果可以看出，固定左前外轮试验时拉杆的位移稍大，因为固定左前轮时，拉杆的受力段长，相应的弹性变形要稍大。因此，在建立转向系统模型时需要考虑转向拉杆的弹性特性。

固定前内轮逆时针试验时，拉杆受拉，当转向盘转角为 35°时，制动盘外缘的最大位移为 0.055 mm，此时拉杆的最大位移为 1.122 mm，可以近似认

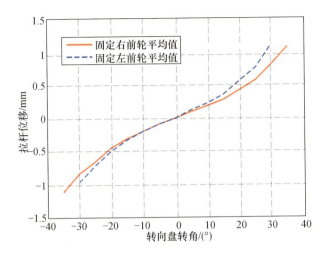

图 3-16 转向拉杆平均位移曲线

为由于拉杆的弹性作用和转向器的间隙引起的位移变化为 1.067 mm,此时对应的转向盘转矩为 44 N·m。认为此时作用在转向拉杆的力为[44 N·m/(小齿轮分度圆半径)9 mm]4.9×10³ N。则可以计算转向拉杆的拉伸刚度,约为 4.6×10⁶ N/m。

固定前外轮顺时针试验时,拉杆受拉,当转向盘转角为 30°时,制动盘外缘最大位移为 0.078 mm,此时拉杆的最大位移为 1.112 mm,可以近似认为由于拉杆的弹性作用和转向器的间隙引起的位移变化为 1.034 mm,此时对应的转向盘转矩为 41 N·m。可以计算转向拉杆的拉伸刚度,约为 4.35×10⁶ N/m。

(2)综合阻尼试验。

为了测量转向系统的综合阻尼特性,还进行了转向系统冲击试验。分别固定左前、右前车轮,将转向盘转到一定角度后突然松开,对转向盘施加转角冲击,同时记录转向盘的运动,得到转向盘转角振动曲线如图 3-17 所示。利用振动学原理测量相邻振动幅值及间隔,对转向系统的综合阻尼特性进行计算,可以得到转向系统的综合阻尼特性。经计算处理,得到 $C_{外}$ = 0.187 5(N·m·s)/(°),$C_{内}$ = 0.195 8(N·m·s)/(°),可以认为平均综合

阻尼系数为 $\bar{C} = 0.19165 \text{ N·m·s/(°)}$。

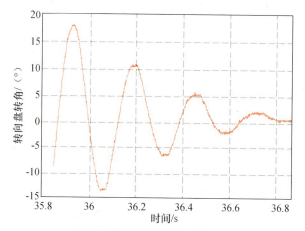

(a) 固定左前轮冲击转向盘得到振动曲线

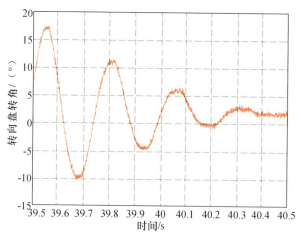

(b) 固定右前轮冲击转向盘得到振动曲线

图 3-17 转向盘转角振动曲线

通过对转向系统的综合刚度、综合阻尼以及转向拉杆等效刚度特性进行测量,将试验所得的转向系统综合刚度特性和转向拉杆弹性特性代入 ADAMS/Car 转向系统模型中进行相应修改,得到转向系统模型如图 3-18 所示。模型中转向传动轴与转向器、转向器与转向拉杆之间采用弹性衬套连接,连接件的阻尼特性采用系统默认特性,转向系统综合刚度特性施加到转向传动轴与转向器之间的弹性衬套上,转向助力的作用是在进行车辆运动学特性分析时,作为转向输入直接输入给车辆前轮。建模时,还需要设置小齿轮(Pinion gear)与齿条(Rack)之间齿轮副的传动比,工厂所提供的线角传动比约为 50,在设置小齿轮和齿条之间的传动比时,其值为 $2\pi/50 = 0.125\ 6$。

图 3-18 转向系统模型

3.4.3 悬架系统模型的构建

本书所建模型的参考车辆为麦弗逊式前悬架和多连杆型后悬架。前悬架模型可以在 ADAMS 系统自带模型的基础上进行修改,后悬架模型需要在 ADAMS/Car 环境下单独建立。

(1)后悬架模型构建。

参考车辆后悬架为多连杆式独立悬架,主要由下控制臂、上控制臂、螺旋弹簧、拉杆、拖曳臂、减振器、稳定杆、副车架等部件组成。该悬架连杆系统的结构布置既能提高操纵稳定性,又能使乘员获得良好的乘坐舒适性,而且能得到适合的车轮外倾控制特性。除减振器和螺旋弹簧分开布置外,多连杆后悬架连杆的配置与传统多连杆后悬架连杆配置相似。减振器与螺旋弹簧设计在后轴与后下控制臂之间,结构紧凑。由于减振器和螺旋弹簧分开布置,实现了汽车底板较低且平坦的理想设计,增大了车辆后备厢的设计空间,消除了两部件间的摩擦且降低了减振器侧向力,因此使悬架系统操纵更平顺,同时改善了乘坐舒适性。正是因为多连杆悬架具备多根连杆,且连杆可对车轮进行多个方面的作用力控制,所以在做轮胎定位时可对车轮进行单独调整,并且多连杆悬架有很大的调校空间及改装可能性。针对该车后悬架具体结构,在 ADAMS/Car 环境下创建该模板,主要包括以下几方面工作:

①基本元素的创建。基本元素中主要是硬点的创建,硬点是没有方向的点,建立硬点时可以设定硬点相对于全局坐标系是否对称,或只是建立一个单独的硬点,建立后的硬点都有各自独立的名称和标记。另外还有结构框及标记点的创建,它们都有位置和方向的属性,其中标记点是部件的点元素。本书根据工厂提供的相关技术资料,确定后悬架结构示意图如图 3-19 所示,后悬架全部硬点坐标见表 3-3。

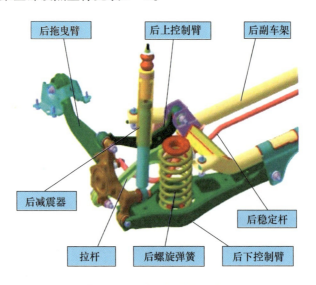

图 3-19 后悬架结构示意图

表 3-3 后悬架全部硬点坐标

硬点名称	对称性	x	y	z
lwr_rear_link_inner	left/right	2 724.93	-118.923	-71.343
lwr_rear_link_otr	left/right	2 642.501	-701.0	-76.72
spring_lwr_seat	left/right	2 671.3	-497.9	-110.2

续表 3-3

硬点名称	对称性	x	y	z
spring_upr_seat	left/right	2 671.3	-497.9	131.0
strut_lwr_mount	left/right	2 649.159	-629.481	-12.172
strut_upr_attch	left/right	2 550.259	-540.059	400.209
subframe_fr_attach	left/right	2 387.0	-480.0	75.75
subframe_rr_attach	left/right	2 790.382	-468.839	125.75
tierod_inner	left/right	2 455.0	-405.0	-59.0
tierod_otr	left/right	2 487.0	-701.0	-86.7
trailing_arm_front	left/right	2 086.099	-588.01	50.997
upper_link_inner	left/right	2 516.0	-384.2	118.2
upper_link_otr	left/right	2 516.0	-700.866	146.3
wheel_center	left/right	2 550.889	-759.993	28.207

②部件的创建。部件中包括刚性部件、柔性体、地面支撑件和转接件，我们通常把刚性部件称为一般部件，这类部件具有质量和惯量，并且可以运动。地面是每个模型都有的，用来作为运动的参考系。支撑件和转接件没有质量。另外，还有一种称为安装件，它是用来连接本模型其他子系统中部件的无质量部件，它的名称将用于建立一个随安装件一同建立的输入通信器。

③几何实体的创建。几何实体功能可对部分规则形体部件进行快速创建，并基于其几何尺寸自动计算质量，这样的几何形体一般包括三角臂、杆件和圆柱体等。需要注意的是，这种基于几何形体的质量值，当几何形体被修改后，其质量特性不会自动更新。

④连接件的创建。模板中可以使用铰链和衬套两种连接件。铰链定义了两部件之间的运动和约束关系。轴套连接在两个部件之间，通过属性文件定义其两个方向的线刚度和三个旋转方向的扭转刚度，刚度可以随轴套的形变量呈现线性或者非线性的变化，可以通过文本编辑器来修改。

⑤弹性元件的创建。弹性元件包括弹簧、缓冲块和减振器,根据其属性文件可以将弹性元件设置为线性或者非线性的特性。对奇瑞 A3 车辆进行悬架试验,得到后悬架的弹性及阻尼特性曲线如图 3-20 所示,悬架上下限位块刚度特性曲线如图 3-21 所示。

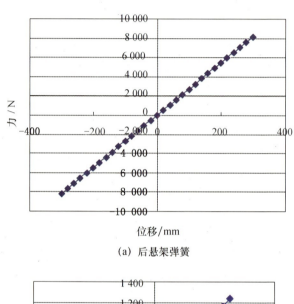

(a) 后悬架弹簧

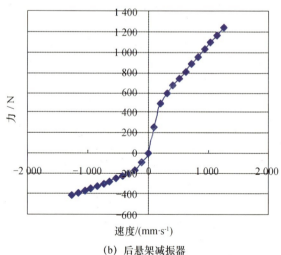

(b) 后悬架减振器

图 3-20 后悬架的弹性及阻尼特性曲线

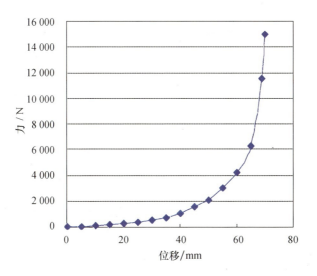

图 3-21 悬架上下限位块刚度特性曲线

⑥通信器的创建。通信器是一种基于模板的关键元素,用于子系统、模板、试验台之间数据的相互传递。模板建立后,可以对通信器进行匹配测试,目的是检测多个模板中的输入、输出通信器是否正确设置。按照上述步骤,本书建立了前桥、减振器、转向节臂、转向横拉杆和转向梯形臂以及各通信器。

通过上述工作所建立的车辆后悬架系统模型如图 3-22 所示。后悬架右半部分拓扑结构示意图如图 3-23 所示。其中,Q_1P_1 为上控制臂,Q_2P_2 为下控制臂,Q_3P_3 为减振器,Q_4P_4 为调整拉杆,Q_6P_6 为弹簧,Q_2Q_5 为纵臂,C_1 为车轮中心。约束关系如下:球铰有四个,分别为 Q_1、Q_2、Q_4 和 Q_5;万向节有五个,分别为 P_1、P_2、P_3、P_4 和 Q_3;旋转副有一个,在 C_1 点;圆柱副有一个,在 P_3、Q_3 之间。

图3-22 后悬架系统模型

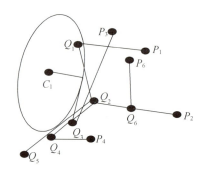

图3-23 后悬架右半部分拓扑结构示意图

(2)前悬架模型构建。

该车前悬架采用的是麦弗逊式悬架,它是一种车轮沿摆动的主销轴线(无主销)移动的独立悬架,其最大特点是将双向作用的筒式减振器作为悬架杆系的一部分。上横臂不复存在,而是让减振器活塞杆兼起主销作用并与车体连接。下面的横摆臂也是简单的三角形锻压架,以承受前桥的侧向力和弯矩,使前轮不易发生偏摆。这种悬架结构简单,增加了两前轮内侧的空间,便于发动机和其他一些部件的布置,且悬架振动时,车轮外倾、主销后倾及轮距变化不大,占用空间小,并可靠近车轮布置。

前悬架系统建模之前,首先应对麦弗逊式悬架系统的结构和运动进行细致的分析,将没有相对运动关系的零部件整合成一个零件(General Part)。经简化得到的整合零件包括减振器缸筒、减振器活塞杆、转向节、控制臂、转向节柱、驱动半轴、转向横拉杆、副车架等共九个。通过分析整合零件之间的相对运动关系,确定前悬架系统各零件连接点处的约束共十一个。ADAMS/Car 软件环境中,前悬架系统建模采用的全局坐标系(X,Y,Z)定义为:X轴指向车辆前进的反方向,Y轴指向车辆的左侧,Z轴垂直向上。图3-24为本书所参考麦弗逊前悬架系统模型的拓扑结构简图,整合的零件以圆圈"○"标出,整合的零件清单见表3-4;约束以方框"□"标出,其约束描述见表3-5。

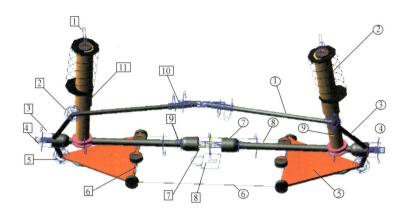

图 3-24 麦弗逊前悬架系统模型的拓扑结构简图

表 3-4 麦弗逊前悬架整合零件清单

序号	模型中名称	整合零件	对称性
1	tierod	转向横拉杆	left/right
2	upper_strut	减振器缸筒	left/right
3	upright	转向节柱	left/right
4	spindle	转向节	left/right
5	lower_control_arm	控制臂	left/right
6	sub_frame	副车架	single
7	tripot	驱动半轴球头	left/right
8	drive_shaft	驱动半轴	left/right
9	lower_strut	减振器活塞杆	left/right

表 3-5 前悬架模型约束描述

序号	零件 I	零件 J	约束名称	约束类型	对称性
1	车身	减振器缸筒	hook	万向节	left/right
2	转向节柱	转向横拉杆	spherical	球面副	left/right
3	转向节柱	转向节	revolute	旋转副	left/right
4	转向节	驱动半轴	convel	恒速副	left/right

续表 3-5

序号	零件 I	零件 J	约束名称	约束类型	对称性
5	控制臂	转向节柱	spherical	球面副	left/right
6	控制臂	副车架	spherical	旋转副	left/right
7	驱动半轴	半轴球头	convel	恒速副	left/right
8	副车架	车身	fixed	固定副	single
9	半轴球头	差速器	translational	移动副	left/right
10	转向横拉杆	转向器	convel	恒速副	left/right
11	减振器筒	减振器杆	cylindrical	圆柱副	left/right

因为麦弗逊悬架模板的减振器和弹簧是通过硬点坐标来确定其位置的，所以减振器和弹簧的偏置可以通过修改硬点坐标来实现。前轮轮距为 1 540 mm，根据车辆坐标系，确定左侧轮心的坐标为(0.98, -771, 5.28)，同理其他硬点坐标根据车辆坐标系和结构的具体参数确定，麦弗逊前悬架全部硬点坐标见表 3-6。

表 3-6 麦弗逊前悬架全部硬点坐标

硬点名称	对称性	x	y	z
drive_shaft_inr	left/right	-36.824	-304.142	48.692
lca_inner_fr	left/right	1.546	-411.366	-82.443
lca_inner_rr	left/right	35.285	-410.962	-81.672
lca_front	left/right	241.423	-409.306	-50.963
lca_outer	left/right	-7.5	-741.0	-93.0
lca_rear	left/right	242.008	-408.489	-76.943
spring_lwr_seat	left/right	24.104	-633.81	355.11
spring_up_seat	left/right	36.577	-585.798	531.964
strut_lwr_mount	left/right	6.51	-617.768	104.702
subframe_front	left/right	70.0	-459.501	113.8

续表 3-6

硬点名称	对称性	x	y	z
subframe_rear	left/right	357.0	-419.999	-70.851
tierod_inner	left/right	167.0	-360.0	30.0
tierod_outer	left/right	132.5	-700.5	28.5
top_mount	left/right	38.94	-528.515	565.519
wheel_center	left/right	0.98	-771.5	28.0

硬点参数确定后,还需要确定力学特性参数。力学特性参数一般指零部件或系统的刚度(弹性)和阻尼等特性。前悬架系统模型力学特性参数主要包括弹簧的弹性特性和减振器的阻尼特性。该车前悬架弹性特性及阻尼特性如图 3-25 所示。

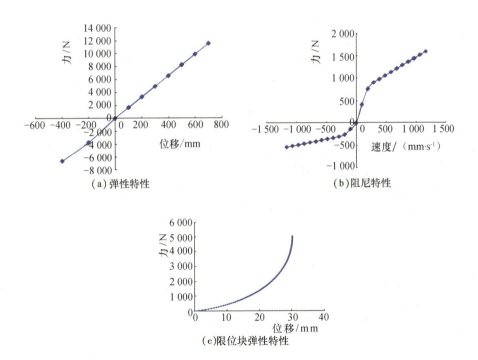

图 3-25 前悬架弹性及阻尼特性

根据上述位置及弹性参数,建立该车的麦弗逊前悬架最终模型如图 3-26 所示。

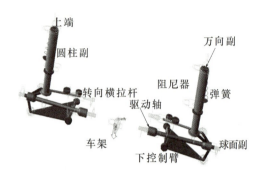

图 3-26　麦弗逊前悬架最终模型

(3)前、后稳定杆模型构建。

在 ADAMS/Car 中建立横向稳定杆的方法是将其分为左右对称的两部分,在对称处施加旋转副,保证它们之间可绕其轴向相对转动,并在断开处加一扭簧,来实现横向稳定杆的功能,侧倾角刚度由对称处的扭转弹簧表示。横向稳定杆立柱一端通过恒速副与横向稳定杆相连,另一端通过球铰与车身相连,约束了其绕自身轴线的转动。根据前、后悬架稳定杆的具体结构修改其硬点坐标,按照工厂提供的稳定杆弹性特性修改弹性衬套的特性文件,得到前、后悬架横向稳定杆模型如图 3-27 所示。前、后悬架稳定杆结构相同,只是硬点坐标、稳定杆的质量特性、弹性衬套的弹性及阻尼特性不同,这些参数可以在 ADAMS/Car 环境下进行修改。

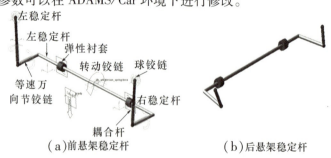

图 3-27　前、后悬架横向稳定杆模型

3.4.4 制动系统模型的构建

采用 ADAMS/Car 提供的制动系统的模板,修改其制动器有效半径、轮缸直径等参数得到制动系统模型如图 3-28 所示。由于需要考虑车辆 ESP 的特性,本书拟利用 ADAMS/Car 建立车辆模型,然后通过 ADAMS/Control 传递到 MATLAB 环境下,利用 MATLAB/Simulink 控制模块对车辆模型进行 ESP 控制策略仿真分析。因此在建立制动系统模型时,需要建立四个制动器的输入变量:左前轮制动力矩、左后轮制动力矩、右前轮制动力矩和右后轮制动力矩。

图 3-28 制动系统模型

3.4.5 车身模型的构建

车身模型采用 ADAMS/Car 中已有的模板,然后修改硬点坐标,即前后轮心的硬点坐标、底盘质心硬点坐标和轨道参考硬点坐标;修改车身的质量及转动惯量;增加连接器,即纵臂和车体相连的输出连接器(左、右各一个)、弹簧和车体相连的输出连接器(左、右各一个)。经修改后得到最终的车身模型如图 3-29 所示。

图 3-29 车身模型

3.4.6 轮胎模型的构建

除了空气作用力外,汽车运动所需的所有外力都是由车轮和路面之间的相互作用产生的,因此轮胎力学特性与汽车动力学特性有着非常密切的关系。轮胎性能的好坏对汽车操纵稳定性的影响至关重要,前后轮胎侧偏刚度的匹配直接决定了汽车的稳态响应是具有不足转向、中性转向还是过度转向,也是影响汽车操纵稳定性的重要因素。因此,选择合适的轮胎模型才能保证所建整车虚拟样机模型的仿真结果具有较高的精度并可以较真实地反映实际情况。

ADAMS 中提供了六种用于动力学仿真计算的轮胎模型,分别是 Fiala 模型、UA 模型、SMITHERS 模型、魔术公式轮胎模型、用户自定义模型和 Ftire(柔性环轮胎)模型。其中,Fiala 模型是由 Fiala 于 1954 年根据轮胎理论模型推导出来的无量纲解析式模型,其特点是比较简单,但回正力矩误差较大,对于不考虑联合滑动(纵向滑动和侧向滑动)情况下的侧向力计算精度尚可。UA 模型是 1988 年由亚利桑那大学的 Nikravesh 和 Gim 等人研究开发的,其特点是各方向的力和力矩可由耦合的侧偏角、滑移率、外倾角及垂直方向变形等参数显式地表达出来,该模型考虑了纵向和侧向滑动的情况,与 Fiala 模型相比可提供更准确的回正力矩。SMITHERS 模型使用来自史密斯科学服务公司(Smithers Scientific Services Inc.)的数据计算侧向力和回正力矩,使用 Fiala 模型计算其余的力和力矩,该模型计算精度较高。魔术公式轮胎模型是常用的轮胎模型,其函数表达式和数据格式与其他轮胎模型不同,该模型所有的函数、公式只用正弦和余弦这两个三角函数来表达。Ftire 模型将轮胎视为柔性体来处理,考虑了轮胎各个方向的变形和受力情况,可用于各种路面(平整路面或不平路面)情况下的整车平顺性和其他动力学仿真分析。

在 ADAMS/Car 中建立轮胎模型的基本步骤一般为:

①定义轮胎的质量和转动惯量。

②定义轮胎的属性文件。属性文件中定义了轮胎模型的类型,轮胎的充气气压、自由半径、滚动半径、扁平率、各种刚度(如径向刚度、侧偏角刚度、外倾角刚度、纵向滑移刚度等)、滚动阻力系数和径向阻尼比等。

③定义轮胎的安装位置和方向。

根据仿真结果的精度要求,本模型选择 ADAMS 软件自带的与参考车型轮胎参数一致的魔术公式轮胎模型(pac2002),在此基础上按照工厂提供的车辆技术参数对轮胎侧偏刚度、径向刚度、额定胎压等进行修改,得到轮胎模型如图 3 - 30 所示。

图 3 - 30 轮胎模型

3.5 子系统建立

只能在 ADAMS/Car 的标准界面下建立和使用子系统。在 ADAMS/Car 的标准界面下可以建立一个新的子系统或者打开一个已存的子系统。在建立子系统时,必须参考一个已存的模板。当使用一个已存的模板时,这个模板会被自动读入标准界面以供使用。

子系统是基于模板的产品,允许标准界面下的用户修改模板的参数值和某些零部件的定义,如可以修改硬点的坐标和参数值。子系统中包含下列设计参数:

①设计数据:。设计数据包括轮胎刚度、轮胎半径、车轮定位参数、硬点位置、质量属性等。

②属性文件。属性文件包括发动机、轮胎、弹簧、橡胶衬套、减振器等的设计参数。

③模板确定子系统的结构。子系统包括零部件的种类和零部件连接关系等。

建立子系统的大概步骤如下:确定子系统的名称;选择辅助前缀(一般前悬架和前车轮选择"front"、后悬架和后车轮选择"rear"、动力传动系统为前驱的选择"front"、其他的选择"any");选择要建立的子系统的相应模板,调整空间位置;把模板导入标准界面后,可以根据需要对模板的设计数据和属性文件等进行修改,然后保存子系统。

需要建立的子系统包括前悬架子系统、后悬架子系统、动力传动系子系统、制动系子系统和转向系子系统。下面以前悬架子系统模型为例,介绍子系统建立的过程。

前悬架子系统包括前悬架模板、前稳定杆模板和转向系统模板。横向稳定杆与减振器下支柱以球副相连,与车体连接则简化为衬套;心轴与转向节之间简化为旋转副;横向稳定杆简化为扭转弹簧。该车采用动力转向系统,转向器为齿轮齿条式,转向梯形前置。

(1)通信器创建。

建立子系统模型时,需要将各模板文件在子系统界面下进行组装,创建通信器,施加约束,最终成为子系统。在建立模板阶段,正确建立零部件间的连接关系和通信器是至关重要的,这些数据在建立以后的子系统和总成阶段无法更改,而零部件的位置和特征参数在后续过程中可以更改。通信器能够使子系统之间以及子系统与测试平台之间交换信息,正确建立通信器是仿真成功的关键。在现有模板的通信器基础上建立一个从发动机连接到副车架的输出通信器和左右各一个前悬架连接到横向稳定杆的输出通信器。

为保证装配正确进行,需要定义悬架如何连接悬架试验台。通过定义通信器的方法将悬挂试验台与轮毂的车轮中心位置连接。当进行悬架静载分析时,还必须将轮毂与转向节锁定,否则,组件中将存在一个旋转的自由度,会导致分析结果不能收敛。ADAMS/Car 根据通信器的设定在转向节和轮毂之间按要求自动锁定,过程如下:

①创建一个安装输出通信器,指定悬架试验台连接到哪个部件。此通信器完成两个任务,指明与试验台连接的部件和为静态锁止器定义被锁定部件(I part)——轮毂(hub)。

②创建一个安装输出通信器,为悬架试验台的锁止执行器指定被锁住的部件(upright_part)(J part)——转向节(wheel_carrier)。

③创建一个位置输出通信器,指定悬架试验台放置的位置。

图 3-31 所示为在轮毂上创建输出通信器的对话框。

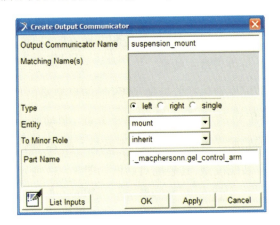

图 3-31　在轮毂上创建输出通信器的对话框

(2)悬架系统总装配。

由于仿真都是基于装配组合的,所以还需要进一步建立包括子系统 fu_stmod_frsusp 试验台的装配组合。图 3-32 所示为创建前悬架系统时的装配对话框。

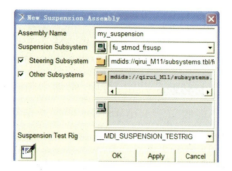

图3-32 创建前悬架系统时的装配对话框

(3)整车装配和调试。

在 ADAMS/Car 标准界面下将已建立的各个子系统进行装配可以得到本书需要的整车模型。装配包括进行悬架仿真分析的悬架装配和进行整车仿真分析的整车装配。装配是子系统和其测试平台(Test Rig)的集合,且可以用 ADAMS/Solver 对其进行仿真分析。比如在 ADAMS/Car 中,将前悬架子系统、转向系子系统和悬架测试平台装配完成,然后即可分析此前悬架的运动学行为。在此只进行整车装配。

该车的整车装配模型包括前悬架子系统、前悬架横向稳定杆子系统、后悬架子系统、动力传动系子系统、转向系子系统、制动系子系统、车体子系统、横向稳定杆、前轮胎子系统和后轮胎子系统。把各个子系统模型组装在一起建立该车整车装配模型,其装配对话框如图3-33所示。

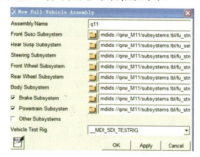

图3-33 整车装配对话框

该车整车装配模型经过调试,确认模型合理,得到该车整车动力学模型。该车整车装配的动力学模型如图3-34所示。

图3-34　整车装配的动力学模型

(4)路面模型构建。

在MSC.ADAMS中,时域道路模型是通过属性文件来表达的,属性文件的创建是使用独立插件Road Builder(路面建模)完成的,通过Road Builder还可以创建IPG和ARM格式包括路肩的3D道路。它支持以下种类的路面几何轨迹:常规仿真车道(开环或闭环)、赛车道(Chicane)、椭圆环车道(Oval)和路标桩筒车道。在ADAMS中路面模型通过后缀名为.rdf的路面文件引入仿真环境中,路面文件的结构仍然是TeimOrbit格式的ASCII文本文件。

在路面文件中,标题数据块和单位数据块的定义方式与DCF、DCD文件一样,[MODEL]数据块定义路面的类型,[GRAPHICS]数据块定义路面几何图形,在2D道路中只有平整路面(flat)才有路面图形,其他类型的路面可以通过专用软件包FTire-tools提供的road visualization功能观察路面形状(另一种方法是用函数构造器下的create_shell_from_rdf函数将路面文件转化为shell(壳)文件,再将shell文件加入到模型中),[PARAMETERS]数据块定义路面的摩擦系数、几何形态等参数。

道路的类型在TeimOrbit格式的道路属性文件中通过[MODEL]数据块

中的 METHOD,ROAD_TYPE 语句定义,[MODEL]数据块定义的常用道路类型见表 3-7。

表 3-7 道路类型定义表

方法	公式名称	路面条件	
2D,二维路面	ARC901	DRUM	轮胎转鼓试验台
		FLAT	平整路面
		PLANK	矩形凸块路
		POLY_LINE	折线路面
		POT_HOLE	凹坑路面
		RAMP	斜坡路面
		ROOF	三角形凸块路面
		SINE	正弦波路面
		SINE_SWEEP	正弦变波纹路面
		STOCHASTIC_UNEVEN	随机不平路面
3D	ARC904/none		3D 等效容积道路
3D SPLINE	ARC903/none		3D 样条路面
5.2.1	ARC913	FLAT 或 INPUT	521 轮胎模型专用路面
USER	ARC501		自定义

METHOD = 2D 时,二维路面的参数子数据块[PARAMETERS]的结构根据路面类型的不同而不同,基本上可以划分为通用参数段、路型参数段和数据组三个部分,用符号 $ 分开。METHOD = 2D 时通用参数表见表 3-8。

表 3-8 METHOD = 2D 时通用参数表

参数	描述
offset	参照整车原点的 Z 向偏移量,默认值

续表 3-8

参数	描述
rotation_angle_xy_plane	由于在 ADAMS/Car 中,车辆前进默认的方向是 $-X$ 方向,路面文件的坐标系是全局坐标系,所以要将路面文件的 x 轴翻转,默认为 180°
mu	道路与轮胎的摩擦系数修正比,实际摩擦系数是道路与轮胎摩擦系统的乘积。摩擦系数修正比默认值是 1.0

在进行车辆操纵稳定性模拟仿真时,通常使用 2D 平整路面,在进行路面文件设定时,只需修改 mu 值来改变路面附着系数,其他参数采用系统默认值。

3.6 整车动力学模型验证

为了对所建立的整车动力学模型进行验证,还进行了该车在干路面工况下车辆操纵稳定性的系列试验。将实际试验中驾驶员的转向盘控制和速度控制时间历程的信号作为整车模型的输入,对整车进行仿真分析,将仿真结果与实际试验测量结果进行对比。在 ADAMS/Car 软件环境下进行操纵稳定性仿真,需要编制整车操纵稳定性试验驱动控制文件(Driver Control Files,DCF)和驱动控制数据文件(Driver Control Data Files,DCD)。驱动控制将转向、节气门、离合器、挡位和制动作为控制变量,通过改变它们的数值来实现整车操纵稳定性的仿真分析。驱动控制文件由标题、单位、试验和操纵事件四个模块组成。标题模块定义了文件的类型、版本及格式;单位模块设定了文件中参数所用的单位;试验模块设定了仿真初始条件及工况列表;操纵事件模块给定了该工况下转向、节气门、离合器、挡位和制动的控制方法及过程。对于行驶状态较为复杂的工况,还需要编写驱动控制数据文件。驱动控制数据文件的实质是通过直接定义整车运行路径或按时间的变化依次对整车转向、节气门、离合器、挡位和制动这五个控制变量进行赋值来对整车进行控制的。图 3-35 为按照 ISO 3888—2:2002《BS 双移线国标标准试验》进行的干路面工况下双移线输入试验时的横摆角速度对比曲线,车速为 65 km/h。图 3-36 为按照 GB/T 6323.1—94《汽车操纵稳定性试验方法》中蛇形绕障试验进行干路面工况下蛇形试验时的横摆角速度对比曲线,车速为 60 km/h。图 3-37 为按照工厂提供的试验规范进行的干路面工况下正弦延迟试验时的横摆角速度对比曲线。图 3-38 为干路面工况下 J 弯转向试验时的横摆角速度对比曲线。由图可以看出,本书建立的整车动力学模型仿真结果与实车试验结果吻合较好,认为所建模型精度较高,能够用来进行整车操纵动力学性能的仿真分析。两者之间不能完全重合的原因可能是建立模型时对各系统进行了相应简化(例如转向系统刚度特性及阻尼特性的简化、悬架系统及轮胎模型的简化)。

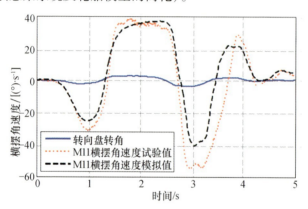

图 3-35 干路面工况下双移线输入试验时的横摆角速度对比曲线

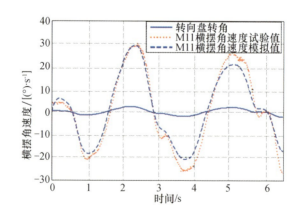

图 3-36 干路面工况下蛇形试验时的横摆角速度对比曲线

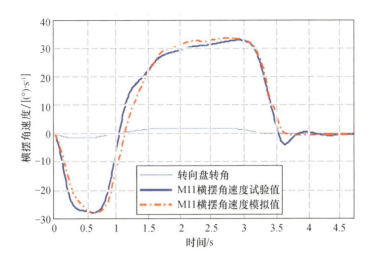

图 3-37　干路面工况下正弦延迟试验时的横摆角速度对比曲线

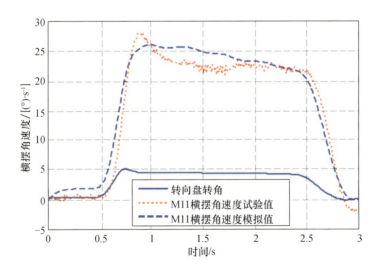

图 3-38　干路面工况下 J 弯转向试验时的横摆角速度对比曲线

3.7 本章小结

本章首先进行转向系统综合刚度及阻尼特性试验,获得转向系统综合刚度及阻尼特性,在 ADAMS/Car 环境下建立转向系统模型。随后依据工厂提供的技术参数,建立前、后悬架系统模型,制动系统模型,车身及轮胎等模型,再在此基础上建立整车动力学模型,并进行干路面工况下双移线输入、蛇形、正弦延迟等试验,对车辆动力学模型进行仿真分析,进而对车辆动力学模型加以验证,为后续车辆防侧倾主动控制研究提供准确的车辆模型。

第4章 差动制动防侧倾失稳控制策略

4.1 概 述

对于轻型客车这类质心位置较高的车辆,有必要把侧倾稳定性作为其中一个重要控制目标。在相对成熟的 ABS 的基础上,利用车辆原有的主动制动系统,不增加传感器和改变执行器,在软件方面加入侧倾稳定性控制算法,实现侧倾稳定性控制,进而对横摆稳定性控制与侧倾稳定性控制进行有效集成,这样既可以最大限度地保持车辆的横摆与侧倾稳定性,又不会明显增加成本,具有实际应用的研究意义。

4.1.1 防侧倾失稳控制综述

通常来讲,人们会把汽车的安全性划分为主动安全性和被动安全性两个方面。其中前者也被称为汽车危险事故防范能力,是指在设计过程中便采取某些措施来增加汽车的安全性,以便在各种道路环境下都可以更加安全地行驶;而后者是指在危险发生以后,尽可能降低对驾驶者和车上乘客的伤害。相比较而言,人们更希望不发生事故,所以对汽车主动安全技术的研究就非常重要。

不同类型的车辆具有不同的配置,因此其防侧倾失稳能力也不尽相同。轻型客车的质心位置较高,稳定性差,容易发生侧倾失稳,因此侧倾稳定性应作为其稳定控制的一个重要控制目标。如果能够设置一个系统,对车身侧倾角和侧向加速度等运行参数进行实时监测与控制,就可以提高车辆的侧倾稳定性,从而提高汽车的安全性能。

目前国内外专家主要在预警技术和主动控制两方面进行防侧倾失稳的

研究。其中预警技术大多用于重型半挂车,因为挂车的侧倾失稳通常不易引起牵引车内驾驶员的注意,预警系统则可以根据汽车运行参数判断出侧倾失稳危险程度,并发出预警信号来提示驾驶员采取有效的应对措施,从而减少侧倾失稳的发生。但是由于侧倾失稳的发生通常很快速,所以即使预警系统能够提前发出预警信号,驾驶员的反应时间也不够充分;另外,驾驶员心理素质的好坏以及采取的应对措施是否恰当对能否有效防止侧倾失稳有很大影响。所以,预警系统只能在一定程度上起到作用,并不能够完全保证防侧倾失稳的效果。而主动安全控制策略则可以通过对车辆运行参数的实时监测,并对其进行主动修正来防止侧倾失稳的发生,适用范围更广。

主动控制系统主要分为侧倾失稳危险评估部分和主动控制部分。首先,在车辆行驶过程中,通过各传感器收集汽车的各个运行参数,然后与理想的侧倾失稳参考模型对比来判断是否处于安全范围,如果在安全范围内,则控制系统不工作;如果超出安全范围,控制系统就会启动,并且通过主动干预进行修正。主动控制的重点在于模型的建立是否准确,建立的模型越接近实际情况,所达到的控制效果就越好,控制也就越精确。

4.1.2 车辆侧倾稳定性的国内外研究现状

车辆防侧倾失稳控制技术已成为车辆安全领域研究的新热点,全球各大研究机构针对侧倾失稳预警和防侧倾失稳控制技术进行了很多的研究,提出了多种控制措施,对增强车辆的侧倾稳定性有明显作用。

在侧倾失稳预警方面,Subhash Rakheja 和 Alain Piché 于 1990 年提出并设计出完整的安全预警装置,测量车辆在稳态转向状态下的内侧车轮的侧向加速度,将实际值与预先确定的标准侧向加速度值进行比较,当实际值超出或接近标准值时,就需要对侧倾失稳进行报警。这个设计理念比较经典,预警效果实时性好,简单且有效,一直沿用至今。Preston-Thomas 于 1992 年选取 LTR 来表示车辆发生侧倾的程度。当两侧的车轮承受的载荷从相等变化至某一侧车轮离开地面,即 LTR 从 0 变为 1,获得此时的侧倾角,并定义此数值是侧倾的极限角度数值。McGe 在前人的研究基础上,于 1998 年对检测器进行改造,设计出一款适用于卡车的状态和参数的检测器,并将这些信息用在侧向加速度极限值的计算中。Huei Peng 与 Bo-Cheuan Chen 设计出一款基于侧倾失稳预警时间判断车辆侧倾失稳危险性标准的侧倾失稳预测装置,基于侧倾失稳预警时间是指从当前到出现侧倾失稳现象这一过程所经历的时间,此预测方式是用简单的数学模型作为基础,估算可能出现侧倾失稳的时间点,具有一定的实用性。

国内关于对车辆侧倾失稳预警的研究,也同样得到了一些有效的成果。金智林等人设计出一套基于 TTR 侧倾失稳预测的控制系统,并设计出一个基于模糊差动制动的主动防侧倾失稳控制系统和具有预测功能的 PID 控制器。2009 年,宋小文将车轮与悬架变化对侧倾失稳产生的影响加入所设计的数学模型中,建立了一个新的侧倾失稳模型,设计了一套通过改变弹簧刚度和阻尼以达到目的的控制方法,仿真结果显示该调整策略是有效的。2010 年,吉林大学的麦莉等人设计了一款基于传统的车辆侧倾失稳预测模型的侧倾失稳预测控制器,最后进行了实车试验,结果表明其所设计的预测装置对车辆侧倾失稳有一定的预警作用。朱天军设计出一种基于改进的 TTR 重型车辆的侧倾失稳预警及相应的防侧倾失稳控制方法,然后开展了车载测试平台的试验,结果显示所设计的算法的预测效果比较显著,可大幅度减小重型车辆出现侧倾失稳的概率。2013 年,赵健在 TTR 侧倾失稳预警方法中首次使用神经网络方法,设计出了一种全新的侧倾失稳预警的策略,可对行驶过程中车辆的侧倾角和侧倾角速度进行修正,仿真结果表明所设计的策略具有较好的控制效果,且该侧倾失稳预警方法可增强车辆侧倾失稳预测的准确性。

在防止车辆侧倾失稳控制方法方面,专家们通过分析论证,提出了一些防止侧倾失稳出现的措施,如差动制动、四轮转向及主动转向等。

2003 年,Dimwoody 设计出一种调节控制辅助轮和悬架,进而增大侧倾失稳阈值的防侧倾失稳控制系统,仿真结果显示,该系统可将车辆的防止侧倾失稳能力增强 20% ~ 30%。2008 年,Parson 设计出一个利用操纵横向稳定杆的防侧倾失稳控制系统,以减小车辆侧倾角,该系统被使用在一款 SUV

车型上,能够可靠地提升侧倾失稳阈值。K. Naml 于 2011 年提出了通过控制轮胎侧向力,实现对侧倾失稳力矩控制的观点:通过传感器获得轮胎侧向力与侧倾角的信号,当实际数值超过阈值时,侧倾失稳力矩控制器开始工作,输出适当的防侧倾失稳力矩,从而达到防侧倾失稳目的。2012 年,Seongjin 和 Yim Kwangki 使用车辆的主动防侧倾失稳杆和相应的电子程序,对防侧倾失稳控制的方法加以研究,设计出一种协同进化遗传方法,用于衡量车辆在输入不同转向时,对侧倾失稳趋势的影响。2012 年,Choi Seungbok 等人提出了一种多底盘子系统共同控制的防侧倾失稳控制的方法,实验显示所设计的控制方法能够可靠地增强车辆的防侧倾失稳性能。D. Furleigh 等学者用四轮转向方法对多轴的重型铰接式卡车进行研究,附加给后轴同样的转向性能,再利用适当的控制方法对前后两轴的转向角的比例进行设定,达到减少侧倾失稳发生的目的。实验表明,该方法可以有效降低车辆在高速状态下避障操作时的侧向加速度,改善了车辆侧倾稳定性能。

南京航空航天大学张先奎等人于 2007 年设计出针对车辆姿态进行监控的侧倾失稳预测算法,并设计出针对 TTR 的车辆出现侧倾失稳现象的报警器,以及相应的电路并对硬件进行仿真。重庆大学卢少波于 2011 年通过对悬架、制动及转向采用综合研究的方法,提出一种综合防止侧倾失稳出现的控制方法,选取在不同工况下,分别对单一系统、多系统的仿真结果加以对比,结果表明此策略可以增强侧倾稳定性。吉林大学的宗长富等人于 2012 年提出了利用差动制动的控制方法,对重型半挂车进行多个目标的控制,对车辆的横摆、折叠等采用最优控制,最终表明该算法能够大幅度减少侧倾失稳的发生。

综上可见,国外研究防侧倾失稳控制的目的比较明确,实用性较强,可实现对多子系统集成的控制。而我国的防侧倾失稳控制的研究目前仍处在起步阶段,大多都在理论研究层面,又由于缺少测试专用场地,理论分析的结果和实际试验仍存在一定差距。

国外专家学者普遍对主动悬架采用天棚控制、最优控制及变结构控制的方法开展研究。当代控制理论持续地加深改进,模糊控制、神经网络控制等智能理论方法不断应用到实际中,使主动悬架得到更多的认可。Watanabe 等于 1999 年为悬架系统设计了一种可靠的神经网络控制策略,结果表明此策略可提升悬架系统的性能。

国内对主动悬架的研究起步较晚,从 20 世纪 80 年代中期开始,吉林大学、上海交通大学、同济大学等高校都开展了比较深入的研究。上海交通大学的肖志云等根据天棚阻尼原理,结合电流变流液的特性设计了 1/4 车的主动悬架模糊控制器,并进行了仿真研究,与常量控制结果相比,采用模糊控制后的车身加速度减小了大约 60%。

在主动悬架防侧倾失稳研究方面,2000 年,吉林大学的李显生等利用转向轮转角前馈控制方法使主动横向稳定器产生反侧倾力矩,较大程度地减小了车身的摆动,使车辆能够平稳行驶。2009 年,Maria Jesus 等采用神经网络技术,对主动横向稳定器产生的防侧倾力矩进行反馈修正,以达到在各种工况下对车辆进行最优控制的目的。2012 年,合肥工业大学陈一锴等针对重型货车主动悬架提出了模糊控制算法,搭建出一个多点随机激励路面的四自由度参考模型,利用模糊推理的方式对悬架施加控制,使车辆可以在各种路面及工况下平稳行驶。2013 年,薛俊设计了包含差动制动和变刚度的主动悬架联合控制方法,对指定的 SUV 车型进行基于 TTR 预警的防侧倾失稳控制研究,采用仿真软件对联合控制方法进行模拟试验,结果显示此方法有较好的控制效果。2014 年,廖聪等设计出基于主动悬架的 H∞ 控制策略进行模拟试验,结果显示所提出的控制策略能够可靠地减小车辆在沿曲线运行过程中的侧向加速度,提升了车辆的稳定性,减小了侧倾失稳发生的概率。2015 年,严钟辉构建车辆运动学仿真模型,对 1/2 车辆悬架进行动力学分析,结果表明所构建的集成控制系统能够增强车辆在高附着道路上高速转向时的防侧倾失稳性能,也拥有良好的路径追随控制性能。

4.1.3 侧倾失稳的原理

侧倾失稳是一种严重威胁驾驶员和乘客安全的事故。侧倾失稳被定义为能够使车辆绕其纵轴旋转 90°甚至更多,以至于车身与地面接触的一种极其危险的侧向运动。侧倾失稳是车辆外部和内部的力共同作用的结果,过程非常复杂,可以是单个因素作用,也可以是多种因素共同作用,最关键的三个因素是车辆驾驶员、驾驶环境以及车辆的结构。

汽车侧倾失稳一般分两种,一种是由曲线运动引起的,是侧向加速度超过阈值导致的;另一种是绊倒型的侧倾失稳,主要与驾驶的环境有关系,路面具有较大的不平度,会对两侧车轮产生不同的冲击,引起汽车质心左右不停摆动,最终引起侧倾失稳。本书只对轻型客车在做曲线运动时的侧倾失稳进行研究,这种侧倾失稳通常发生在高附着路面,而且车速较高,大多是人为操作不当所致。其典型的运行工况有紧急避障、高速超车和急速转弯三种。①紧急避障。汽车在高速行驶时遇到障碍物,为了避免撞上需要先进行一次急速转向,之后为了重新回到正常的行驶轨道需要再进行一次快速转向。②高速超车。为了超过前方的车辆,必须在高速行驶条件下完成变道-超车-回归原车道一系列操作,此过程一共实施了三次转向操作。③急速转弯。急速转弯是指行驶车辆在高速行驶时迅速转向,这种情况通常是为了避开突然出现的障碍物。

4.1.4 汽车侧倾失稳的影响因素

从人-车-路大系统的层面分析,引起汽车侧翻的因素分别是驾驶员操作不当、车辆自身结构因素和行驶的道路环境三方面。这三个因素概括起来,即汽车的结构和行驶状况两个方面。结构因素一般是指在汽车设计时,由车身构造所决定的各个参数指标,其中包括质心位置、前后轮距、悬架类型以及各系统的结构布置等;行驶因素一般是指汽车行驶过程中变化的,并且与汽车的设计无关的一些因素,包括驾驶员对汽车的转向操作、行驶的速度、乘客的数量及道路条件等。从最近几年的侧倾失稳事故原因分析可以看出,车速高、疲劳或酒后驾驶和不按规则行驶造成的危害最大。其中车辆的超速行驶危险性排在第一位,因为在此行驶条件下,驾驶员应对突发状况的反应时间变短,快速采取有效操作变得非常困难。如果客车的载客量超出核载范围,车辆的质量增加,质心高度上升,此时车辆侧倾失稳的可能性就会变大。除此之外,驾驶员驾车之前是否饮酒或者是否属于疲劳驾驶也同样对行驶安全影响重大。如果在行驶过程中遇到突发情况,通常驾驶员的第一反应都是采取紧急制动或者因来不及仔细思考而紧急转向或频繁地左右操纵转向盘,这样的操作会使汽车的侧向加速度骤然增大,使车辆处于侧向失稳的危险之中。以上就是可能造成汽车侧翻的主要因素,对轻型客车侧倾稳定性的研究同样需要从上述几个方面进行重点考虑。

4.1.5 汽车侧倾稳定性的评价方法

随着对主动防侧倾失稳控制系统的研究,应该设计一套对汽车侧倾稳定性的评价规范的流程,用来评估车辆的侧倾稳定性。目前为止,国内外已经开发了很多相关的测试及评价方法,并以此来评价汽车的防侧倾失稳性能。

NHTSA 从 1973 年便开始致力于制定防侧倾失稳性能的评价标准,学者们经过大量的研究,发现防侧倾失稳性能与车辆参数、路面状况和驾驶员的状态等因素联系紧密。也正由于侧翻的复杂性和动态特性,想要设计出一个稳定的性能测试流程很不容易。比较权威的是美国评价车辆防侧翻能力的试验标准与法规(49CFR Part575),该修订法规于 2003 年完成,它采用静态和动态两种试验方法对汽车性能进行综合评价,一直沿用至今。其中静态测试是指通过对静态下的车辆进行测试,得到静态稳定系数(Steady-state Stability Factor,SSF),并将其作为侧倾失稳性能指标;动态测试则包括:J 弯转向(J-Turn)试验和鱼钩(Fishhook)试验。自 2004 年开始,NHTSA 和美国公路安全保险协会(Insurance Institute for Highway Safety,IIHS)都把侧倾失稳测试的内容添加到了新车评价规程中,该评价规程表明,首先需要测试得到 SSF,之后再经过动态试验作为辅助进行补充,最后结合两者综合评价,也就是所谓的"五星级评定体系"。综合评价的星数越高,防侧倾失稳性能越好。五星评价体系评价规则见表 4-1。

表4-1 五星评价体系评价规则

发生侧倾失稳的概率	星级评价
<10%	5(★★★★★)
10%~20%	4(★★★★)
20%~30%	3(★★★)
30%~40%	2(★★)
>40%	1(★)

目前 NHTSA 新车碰撞测试(New Car Assessment Program,NCAP)的动态试验只做鱼钩(Fishhook)试验一个工况,根据鱼钩试验结果与静态稳定性因子结合的结果对汽车进行评分,根据评分范围对防侧倾失稳性能进行分级,此分级早已成为消费者选购汽车的重要参考依据。现在包括欧洲、日本和中国等其他国家和地区也都制定了相应的 NCAP 评价标准。

(1)J 弯转向、鱼钩试验工况。

J 弯转向和鱼钩试验工况都是模拟汽车侧倾失稳的典型工况,其中 J 弯转向工况模拟的是驾驶员对转向盘采用单一固定转向输入来躲避一个障碍物的情况,而鱼钩试验工况模拟的是避障的道路边缘恢复操作。

J 弯转向试验工况的具体内容:车速保持在 56~96 km/h 内,然后保持恒定沿直线行驶一段路程,最后以 1 000 (°)/s 的角速度将转向盘向左或向右旋转大约 330°,记录整个过程中车辆内侧车轮对地面的垂向力并判断是否离地,或者是否已经发生侧倾失稳。J 弯转向试验工况下转向盘输入情况如图 4-1 所示。

鱼钩试验工况下模拟现实中的情况是,驾驶员因为避障或其他突发原因把汽车开到路缘后,试图迅速让汽车回到正确的路径上。一般来讲,驾驶员会在慌乱中对转向盘进行过多输入,导致过度转向的发生,从而使车辆发生侧倾失稳,这种情况是最为常见的一种。鱼钩试验一般包括两种:固定时间 Fishhook[Fixed Timing Fishhook(Fixed Dwell Time)],也称为 Fishhook 1a;

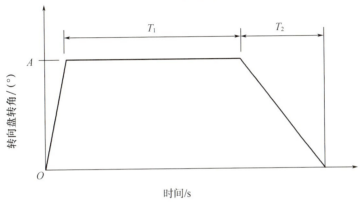

图 4-1 J 弯转向试验工况下转向盘输入情况

侧倾角速度回馈 Fishhook [Roll Rate Feedback Fishhook (Variable Dwell Time)], 也称为 Fishhook 1b。

鱼钩试验工况下的步骤：保持试验车辆方向不变，当达到某一车速时，先以 720(°)/s 的角速度使转向盘向左或者向右转动大约 270°，然后在一秒内再以 720(°)/s 的角速度迅速反方向使转向盘转动大约 540°，在此过程中记录车轮是否离开地面，或者是否发生侧倾失稳。鱼钩试验工况过程如图 4-2 所示。

(2) 双移线输入试验工况。

双移线输入试验工况所模拟的实际情形是紧急避障，与鱼钩试验工况不同的是，为了避障转向后没有快速且过度的反方向输入，ISO 3888-2 双移线输入工况理想路线图如图 4-3 所示。

(3) 其他评价方法。

除了 J 弯转向、鱼钩试验以及双移线输入试验工况外，还有其他一些试

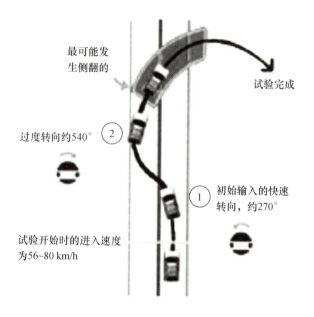

图4-2 鱼钩试验工况过程

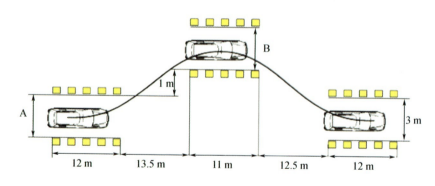

图4-3 双移线输入工况理想路线图(引自IOS 3888-2)

验同样可以对汽车侧翻稳定性进行评价,如正弦延迟工况和蛇形试验工况等。汽车的防侧倾失稳性能通过上述动态侧倾失稳试验测试后,还可以用主观和客观的方法对防侧倾失稳性能进行评价,客观评价主要是用侧向加速度、车身侧倾角和LTR等反映汽车侧倾失稳性能的参数数值进行评价,而主观评价则是有经验的驾驶员凭借驾驶汽车时的感受对汽车性能进行分析。

侧倾失稳过程是一个很复杂的力学现象,所以现在所制定的评价方法还不够理想,很多学者也都在努力使其更加完善。目前我国同样没有提出更好的侧倾失稳性能评价方法,和其他国家一样采用国际通用标准试验进行评价。

4.2 轻型客车参数化建模

轻型客车价格低廉、耗能小、维护成本低及实用性强的特点,使得它在城郊和农村地区使用车辆中占有不小的比例。但是轻型客车舒适性差、安全性低及动力小的缺点也很明显,并且由于具有较高的质心高度,稳定性也不好。本节将通过侧倾失稳的原理及其性能的评价方法,对轻型客车的防侧倾失稳性能进行分析。

4.2.1 CarSim 软件简介

CarSim 软件可以对轿车、小货车、轻型多用途运输车及 SUV 进行建模和仿真,还可以与 MATLAB 和 Excel 等软件进行数据交互,可实现与 Simulink 的相互调用。它是由 MSC(Mechanical Simulation Corporation)设计研发的。MSC 还开发了一系列类似的仿真软件,这些软件几乎能够适用于各种类型的车辆,在国际上,越来越多的汽车制造商和零部件供货商选用该系列产品,现在该系列软件已成为汽车行业的标准软件,拥有很高的地位。

CarSim 软件的数据库包含了大多数的车型,可以在其中选择需要的车型,还可以对汽车各个部分的参数进行修改,包括车身尺寸、制动系统和悬架类型等,整车参数设置界面如图 4-4 所示。参数设置完成之后可以选择所要模拟的试验工况,然后即可通过数学模型求解器得到仿真结果,模拟动画显示器可以直观地显示出车辆的运行情况。

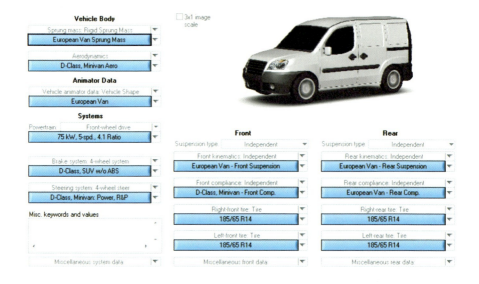

图 4-4 整车参数设置界面

根据需要,我们可以对车辆的各个参数进行设置和调整,这些都能在图形界面上进行操作,关于车辆的每一项属性都可以修改和调整,包括路况的选择、环境的设定以及控制输入等。通过 CarSim 的数据库可以很快捷地完成所需车辆模型的设置和需要进行的仿真试验设定。该软件的数据库包含很多样例并且可以用来建立库文件,库文件可以是整车、某些部件或者是某个仿真试验。这使得我们可以对不同的仿真试验进行快速切换,还可以对不同仿真试验的结果进行比较。数据库中的特性参数都是通过大量的试验和测试得来的,具有很高的可信度。

4.2.2 轻型客车模型的建立

(1)客车车身模型。

本书选用某款轻型客车进行模拟研究,所选车辆的部分参数配置见表4-2。

表4-2 某轻型客车的部分参数配置

参数	数值	单位
整备质量 m	1 350	kg
簧上质量 m_s	1 182	kg
最大总质量 G	3 000	kg
转向系传动比 i	15	
最大功率 P	75	kW
质心到前轴距离 a	1 267	mm
质心到后轴距离 b	1 493	mm
轴距 L	276	mm
质心高度 H	800	mm
质心到侧倾中心距离 h	300	mm
绕 x 轴转动惯量 I_x	380	kg·m^2
绕 z 轴转动惯量 I_z	2 240	kg·m^2

(2)转向系统模型。

汽车在行驶过程中,经常需要按照驾驶员的意志对前进方向进行调整,而汽车转向系统的作用就是调整汽车行驶方向,这对汽车行驶来说不可或缺,同时对汽车安全极为重要。本书选取 European Van 作为模板,只对其转向系的一些参数进行修改,作为转向系的模型。转向系统的各特性参数以及与转向相关的车轮定位参数设置如图4-5所示。

(3)轮胎系统模型。

轮胎同样对车辆行驶非常重要,它不仅可以支撑汽车的全部质量,传递牵引力和制动力,还能够缓冲外界对车身的冲击,减少和吸收振动,对汽车零部件有一定的保护作用,对汽车的操纵稳定性、舒适性和安全性都有重要的作用。汽车行驶时,轮胎的工作环境经常非常严苛,此时轮胎就会经受着变形大,负荷高,受力不均或者过大以及高、低温等作用,因此轮胎的选择对汽车至关重要。

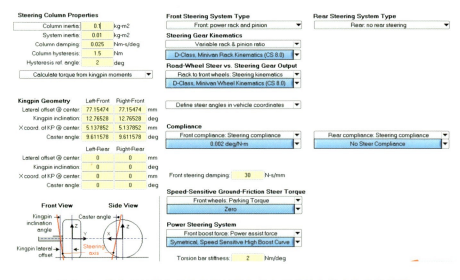

图 4-5 转向系统的各特性参数以及与转向相关的车轮定位参数设置

本书所选轮胎的半径为 300 mm,轮胎宽度为 185 mm,轮胎的最大载荷为 10 000 N,轮胎系统模型参数具体设置如图 4-6 所示。

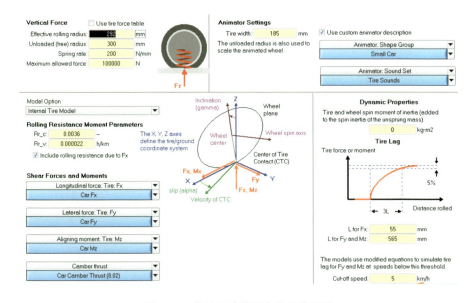

图 4-6 轮胎系统模型参数具体设置

第4章 差动制动防侧倾失稳控制策略

(4)悬架系统模型。

悬架是车辆的车架与车桥之间的一切传力连接装置的总称,它的作用是传递车轮和车架之间的各种力和力矩,并且缓冲路面传给车架或车身的冲击力,起到减振的作用,从而使汽车平顺地行驶。悬架的选取对汽车的舒适性和操纵稳定性都有很大的影响。

本书选用独立悬架,左右轮距为 1 500 mm。悬架系统模型参数的设置如图 4-7 所示。

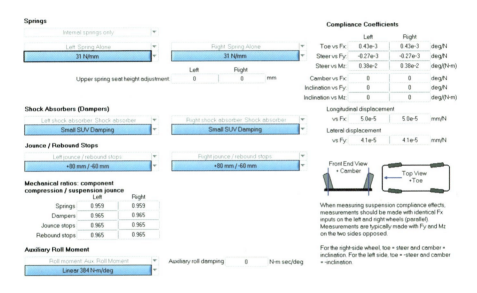

图 4-7 悬架系统模型参数的设置

(5)制动系统模型。

制动系统是强制降低汽车行驶速度的装置,由四部分组成,包括供能装置、控制装置、传动装置和制动器,对汽车的安全性至关重要。

本书所建立的制动系统模型选用的制动模块带有 ABS,如果滑移率超过 0.2,则 ABS 制动器开始工作;若滑移率低于 0.15,则 ABS 制动器停止工作。制动系统模型各参数具体设置如图 4-8 所示。

143

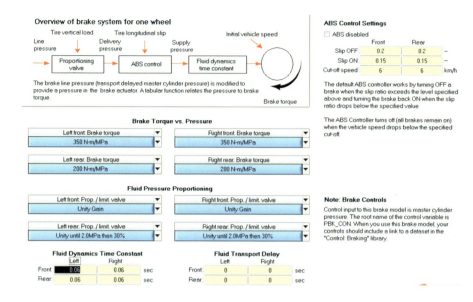

图 4-8 制动系统模型各参数具体设置

4.3 防侧倾失稳控制系统研究

当汽车有侧倾失稳趋势时,若可以及时采取合理有效的控制方法,将可能减小侧倾失稳危险性甚至阻止侧倾失稳的发生。为了达到抑制侧倾失稳的目的,本章建立了汽车动力学参考模型,在此基础上对轻型客车防侧倾失稳控制系统进行探索,并提出相应的控制策略。

4.3.1 轻型客车整车动力学参考模型

本书主要针对轻型客车进行研究,并建立了侧倾失稳参考模型。该模型包括汽车侧向运动、横摆运动及侧倾运动三个自由度,这三个自由度可以反映轻型汽车发生曲线运动侧倾失稳时的主要因素。

(1) 车辆坐标系。

为了能够准确描述模型,首先要定义车辆坐标系,本书根据 SAE 标准建立了 SAE 标准坐标系,如图 4-9 所示。以汽车的侧倾中心 O 为原点,汽车

前进方向设为 X 轴正方向,沿侧向轴指向车身左侧为 Y 轴正方向,沿侧倾中心垂直向上为 Z 轴正方向。根据相关规定,取各轮胎转角及侧偏角、车身侧倾角和横摆角速度逆时针为正方向。

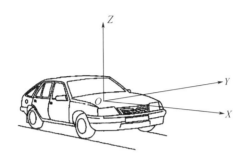

图 4-9　SAE 标准坐标系

(2) 车辆建模的假设条件。

本书所建立的参考模型综合考虑了影响汽车侧倾失稳的几个关键因素,该模型的成立需要满足以下若干个假设条件:

① 不考虑空气动力学因素产生的影响。
② 不考虑车辆在俯仰和纵向的动力学特性。
③ 轮胎及悬架系统均按照线性系统进行处理。
④ 假设汽车左右两侧关于 X 轴对称,直行状态下两侧受力相同。
⑤ 不考虑在车身发生侧倾时,簧上质量的质心随悬架位置的改变。
⑥ 不考虑前后车桥的差异造成的影响。

(3) 模型的建立。

三自由度侧倾失稳模型可以看作是只考虑纵向和侧向的二自由度模型与平面侧倾模型的结合,三自由度模型动力学简图如图 4-10 所示。

考虑三个自由度之间的相互影响,由达朗贝尔原理可以列出汽车侧向运动的侧向力平衡方程、横摆力矩平衡方程和侧倾力矩平衡方程。

车辆侧倾时侧向力平衡方程为

$$ma_y - m_s h \ddot{\varphi} = 2F_f \cos\delta + 2F_r \tag{4-1}$$

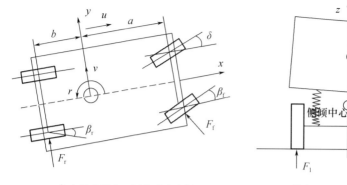

(a)汽车纵向、侧向动力学简图　　　(b)汽车侧倾动力学简图

图 4-10　三自由度模型动力学简图

式中　m——汽车的整备质量,kg;

a_y——汽车侧向加速度,m/s²;

m_s——簧上质量,kg;

h——汽车质心位置到侧倾中心距离,mm;

φ——簧上质量侧倾角,(°);

F_f——前轮所受侧向力,N;

δ——前轮转角,(°);

F_r——后轮所受侧向力,N。

车辆侧倾时横摆力矩平衡方程为

$$I_z \dot{r} = 2aF_f\cos\delta - 2bF_r \tag{4-2}$$

式中　I_z——绕 Z 轴的转动惯量,kg·m²;

r——横摆角速度,(°)/s;

a——质心到前轴的距离,mm;

b——质心到后轴的距离,mm。

车辆侧倾时侧向力矩平衡方程为

$$I_{xeq}\ddot{\varphi} - m_s a_y h = m_s g h \varphi - c_\varphi \dot{\varphi} - k_\varphi \varphi \tag{4-3}$$

式中　I_{xeq}——簧上质量绕 X 轴的转动惯量,kg·m²;

g——重力加速度,m/s²;
c_φ——等效侧倾阻尼系数,kN·m/s;
k_φ——悬架等效侧倾刚度,kN·m/(°)。

根据平行轴定理,可以得到簧上质量绕 X 轴的等效转动惯量为

$$I_{xeq} = I_x + m_s h^2 \qquad (4-4)$$

式中　I_x——绕 X 轴的转动惯量,kg·m²。

对侧向速度求导,然后与车速和横摆角速度之积相加得到汽车的侧向加速度,即

$$a_y = \dot{v} + ur \qquad (4-5)$$

式中　v——汽车横向速度,m/s;
　　　u——汽车纵向速度,m/s。

由于假设条件中不考虑车轮侧偏力中的非线性作用,所以得到前、后轮胎侧向力线性表达式为

$$F_f = -k_f \beta_f \qquad (4-6)$$

$$F_r = -k_r \beta_r \qquad (4-7)$$

式中　k_f——前轮侧偏刚度,kN·m/(°);
　　　k_r——后轮侧偏刚度,kN·m/(°)。

转向轮转角较小且纵向车速为定值,以线性关系进行处理,得到

$$\beta_f \approx \delta - \beta - \frac{a}{u}r \qquad (4-8)$$

$$\beta_r \approx \delta - \beta - \frac{b}{v}r \qquad (4-9)$$

式中　β_f——前轮侧偏角,(°);
　　　β_r——后轮侧偏角,(°);
　　　β——质心侧偏角,(°)。

$$\beta = \frac{v}{u} \qquad (4-10)$$

$$\dot{\beta} \approx \frac{\dot{v}}{u} \qquad (4-11)$$

将公式进行联立,整理得到状态方程为

$$\dot{x} = Ax + B\delta \quad (4-12)$$

系统的状态变量 $x = [\beta \quad r \quad \dot{\varphi} \quad \varphi]^T$,令 $\sigma = k_f + k_r, \rho = ak_r - bk_f, \kappa = a^2k_f + b^2k_r$,则系数矩阵 A、B 可以简化为

$$A = \begin{bmatrix} -\dfrac{\sigma I_{xeq}}{m_s I_x u} & \dfrac{\rho I_{xeq}}{m_s I_x u^2} - 1 & -\dfrac{hc_\varphi}{I_x u} & \dfrac{h(m_s gh - k_\varphi)}{I_x u} \\ \dfrac{\rho}{I_z} & -\dfrac{\kappa}{I_z u} & 0 & 0 \\ -\dfrac{\sigma h}{I_x} & \dfrac{\rho h}{I_z u} & -\dfrac{c_\varphi}{I_x} & \dfrac{m_s gh - k_t}{I_x} \\ 0 & 0 & 1 & 0 \end{bmatrix} \quad (4-13)$$

$$B = \begin{bmatrix} \dfrac{k_f I_{xeq}}{m_s I_x u} & \dfrac{ak_f}{I_z} & \dfrac{k_f h}{I_x} & 0 \end{bmatrix}^T \quad (4-14)$$

4.3.2 控制系统的设计

本书所设计的控制系统首先对车辆的运动状态进行监测,根据所监测到的运动参数判断是否触发控制器,如果达到触发条件则开始实施控制,控制系统示意图如图 4-11 所示。

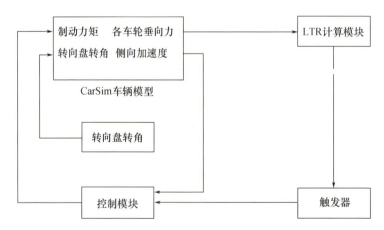

图 4-11 控制系统示意图

首先从 CarSim 模型输出信号,包括各个车轮的垂向力、侧向加速度和车身侧倾角。由车轮垂向力计算出车辆的 LTR,并根据 LTR 的值判断是否触发控制系统。当控制系统被触发时,将会在 CarSim 车辆模型中输入前外轮制动力,从而使车辆产生一个与侧倾失稳方向相反的横摆力矩,减小或消除侧倾失稳的趋势,从而抑制侧倾失稳的发生。在新的状态下重新计算 LTR 的值,判断是否需要继续控制,如果 LTR 降到安全范围内,则停止控制。

4.3.3 触发指标和触发条件

控制器的触发应当满足一定的条件,当条件达到触发器设定的临界点时,控制系统开始起作用。判断汽车是否发生侧倾失稳或者是否有侧倾失稳趋势有很多参数能够表征,如 LTR、侧向加速度、质心侧倾角和横摆角速度等。由于不同车型具有不同的参数配置,质心高度和悬架特性有所差别,用质心侧倾角或者侧向加速度等评估车辆侧倾失稳的标准便有所差别,所以本书选取 LTR 作为判断侧倾失稳的指标。

车辆的 LTR 在评价车辆侧倾失稳危险程度时是一个非常有效的指标,LTR 被定义为左、右侧车轮垂直载荷之差与总的轮胎载荷之比。

$$\text{LTR} = \frac{F_L - F_R}{F_L + F_R} \quad (4-15)$$

其中,F_L 和 F_R 分别为左、右侧轮胎的垂直载荷。LTR 的取值范围是 $-1 \sim 1$,LTR > 0,表明车辆发生右转;LTR < 0,表明车辆发生左转。当汽车直线稳定行驶时,如果载荷对称的话,左、右车轮的垂直载荷相等,则 LTR $= 0$;当汽车有侧倾运动时,汽车左、右轮胎载荷会有所变化,此时 LTR $\neq 0$;当一侧车轮离开地面,即汽车发生侧倾失稳时,离地车轮的垂直载荷变为 0,$F_L = 0$ 或 $F_R = 0$,此时 LTR 的绝对值变为 1。因此 LTR 的绝对值变化范围为 $|\text{LTR}| \in [0, 1]$。由此可知,当 $|\text{LTR}| < 1$ 时,汽车所有车轮都保持接地状态,没有发生侧倾失稳的危险,处于侧倾稳定状态;当 $|\text{LTR}| \geq 1$ 时,汽车内侧车轮离开地面,LTR 的绝对值越大,发生侧倾的可能性越大。

这样一方面避免了利用侧向加速度或侧倾角等参数作为评价指标时,

难以准确测量或估算侧向加速度或侧倾角阈值的缺点。另一方面,当采用侧向加速度或侧倾角作为侧倾失稳性能指标时,对于不同的汽车,其侧倾失稳阈值也不尽相同,需要对每一个汽车进行重新测量或估计其侧倾失稳阈值,而采用LTR作为汽车侧倾失稳性能指标,对于不同的汽车,其一侧车轮离开地面的条件都是|LTR|≥1,因此LTR具有通用性和普适性,可以用作各种车型侧倾失稳的评价指标。

汽车无论左转还是右转都有可能出现侧倾失稳危险,所以本书以LTR的绝对值作为控制系统的触发条件。为了保证汽车行驶时的安全性和控制系统作用的及时性,设定|LTR|=0.8为触发阈值。当|LTR|≥0.8时,说明汽车有发生侧倾失稳的危险,此时控制系统开始起作用,对车辆进行防侧倾失稳控制。

4.3.4 防侧倾失稳控制策略

汽车侧倾失稳的根本原因是侧向加速度过大,而侧向力又是产生侧向加速度的最根本原因,因此通过减小侧向力可以减小汽车的侧向加速度。侧向加速度减小,汽车侧倾的幅度也会随之减小,从而有效地抑制了侧倾失稳的发生。对各车轮实施差动制动以后,将会产生一个附加的横摆力矩,改变汽车的横摆状态,增加不足转向能力。只要合理地对其进行控制,就能够改善汽车侧向运动的稳定性。

差动制动是指汽车行驶过程中对一个车轮或几个车轮分别施加相应的制动力,以此调整车辆的运行状态,使其保持良好的操纵稳定性,抑制汽车发生侧倾失稳的一种有效途径。采用差动制动的方法不仅能够改变车辆的侧向运动情况,还可以对横摆和侧倾运动进行相应的调整,从而有效地抑制汽车的侧倾趋势,达到防侧倾失稳控制的目的。实施差动制动时产生的附加力矩可以抵消转向时受到的横摆力矩,以增加汽车不足转向能力来维持汽车的稳定行驶状态。

对汽车实施差动制动就是根据汽车的运行状况选择制动车轮以单独施加制动力,而由于对各个车轮分别实施制动时,所产生的横摆力矩对汽车的影响是不一样的,因此首先需要对各个车轮单轮制动的效果进行研究分析。

各个车轮分别施加制动力时对汽车横摆运动产生的效果图如图4-12所示。

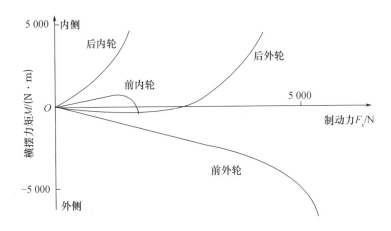

图4-12　各车轮分别施加制动力时对汽车横摆运动产生的效果图

由图4-12可以很明显看出,当对后内轮施加制动力时产生的横摆力矩增加得最为明显,其次是对前外轮制动,而对前外轮制动所产生的横摆力矩和转弯方向相反,能够起到增加汽车不足转向能力的作用,因此,在汽车过度转向时如果对前外轮进行制动,能够最有效地减小汽车过度转向。同理,对后内轮施加制动所产生的横摆力矩和转弯方向相同,可以起到增加汽车过度转向能力的作用,在汽车不足转向严重时如果对后内轮进行制动,能够最有效地增加过度转向。对另外两个车轮进行制动时,因为由制动力产生的横摆力矩方向不是固定的,并且开始时效率较低,所以能起到的效果比较有限。

有侧倾失稳趋势时,需要增加的是不足转向能力,因此,本书选择最有效的外前轮制动进行主动防侧倾失稳控制。只要设计一个控制器,在汽车有侧倾失稳趋势时对前外轮实施制动,就可以达到抑制侧倾失稳的目的。控制的目标车轮有两个,分别是左、右前轮。当汽车向右转有侧倾失稳危险时就对左前轮进行单独制动,当汽车向左转有侧倾失稳危险时就对右前轮进行单独制动。

(1) 最优控制。

最优控制所针对的主要问题是,在一定条件下,为了能使所选择的性能指标取到极值,而在所有可能的控制策略中选出符合条件的那个。使控制系统的性能指标实现最优化的基本方法是从一类可行的控制方案中寻找一个最优的方案,使系统的运动在由某个初始状态转移到指定的目标状态的同时,其性能指标值为最优。

对某个控制系统来说,假设知道其状态方程,写为标准形式,即

$$\dot{x} = Ax + Bu \tag{4-16}$$

式中 A、B——系数矩阵,如果可以确定最佳控制向量的矩阵 K,则有

$$u(t) = -Kx(t) \tag{4-17}$$

可以令性能指标为

$$J = \int_0^\infty (x^T Qx + u^T Ru)\mathrm{d}t \tag{4-18}$$

取得极小值,这就是线性二次型最优控制问题。其中,Q、R 均为正定实对称矩阵,将式(4-16)和式(4-17)联立可以得到

$$\dot{x} = (A - BK)x \tag{4-19}$$

将式(4-17)和式(4-18)联立可得

$$J = \int_0^\infty (x^T Qx + x^T K^T RKx)\mathrm{d}t = \int_0^\infty x^T(Q + K^T RK)x\mathrm{d}t \tag{4-20}$$

对于最佳问题的求解,我们可以取

$$x^T(Q + K^T RK)x = -\frac{\mathrm{d}}{\mathrm{d}t}(x^T Px) \tag{4-21}$$

那么可以得到

$$x^T(Q + K^T RK)x = -x^T[(A - BK)^T P + P(A - BK)]x \tag{4-22}$$

如果要使式(4-22)对于任意 x 都成立,则应满足

$$(A - BK)^T P + P(A - BK) = -(Q + K^T RK) \tag{4-23}$$

由于 R(正定实对称)可以写为

$$R = T^T T \tag{4-24}$$

因此可以得到

$$(A^T - K^TB^T)P + P(A - BK) + Q + K^TT^TTK = 0 \quad (4-25)$$

若要 J 取得极小值,则式(4-26)中的 K 值须为极小。

$$x^T[TK - (T^T)^{-1}B^TP]^T[TK - (T^T)^{-1}B^TP]x \quad (4-26)$$

当 $TK = (T^T)^{-1}B^TP$ 时,式(4-26)取得最小值,这样就得到了最佳矩阵 K,即

$$K = T^{-1}(T^T)^{-1}B^TP = R^{-1}B^TP \quad (4-27)$$

其中 P 需要满足式(4-25),即满足如下退化方程:

$$A^TP + PA - PBR^{-1}B^TP + Q = 0 \quad (4-28)$$

式(4-28)称为退化矩阵的黎卡提方程。

在本书中,控制器的设计需要综合考虑车身侧倾角、侧向加速度、质心侧偏角和横摆角速度。将控制器性能指标表示为标准形式,即

$$J = \int_0^\infty (x^TQx + u^TRu)dt \quad (4-29)$$

可以利用 LQR(Linear Quadratic Regulator)方法,通过 Matlab 中的 LQR 函数求最优反馈增益矩阵 K。基本格式为:

$$[K,S,E] = \text{LQR}(A,B,Q,R,N) \quad (4-30)$$

式中 K——反馈增益矩阵;

S——黎卡提方程的解;

E——系统特征值。

状态变量 X 的元素均可测量,所以线性二次型最优控制器的制动力可以表示为

$$U = -KX \quad (4-31)$$

(2)PID 控制。

在工业设备的控制中,人们为了达到改进反馈控制系统性能的目的,选择的最简单最通用的就是 PID 控制器。PID 控制器主要分为三个部分,分别是比例(Proportional)环节 P、积分(Integral)环节 I 以及微分(Derivative)环节 D。PID 控制器有很多优点,如结构非常简单,控制系统稳定可靠,而且根据需要进行调整时特别方便。有时要对一个系统进行控制但是无法得到该

系统特别精确的数学模型,此时通常需要凭借经验和现场调试对控制器的结构和参数进行确定,在所有的控制技术中 PID 最方便。在实际应用中,有时只用到比例和积分环节,或者只用到比例环节和微分环节。

本书所设计的 PID 控制器以侧向加速度与参考值的差值 e 为反馈信号,输出为前外轮所需要施加的制动压力。侧向加速度参考值设为 0,控制器可以减小扰动输入,从而达到防侧倾失稳的目的,PID 控制器结构框图如图 4-13 所示(虚线框内)。

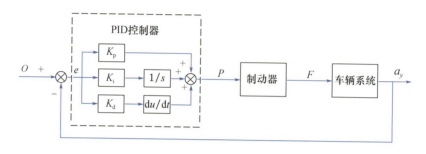

图 4-13 PID 控制器结构框图

本书以差动制动的方式对目标车轮(左前轮或右前轮)单独施加制动力,从而产生一个与转向方向相反的横摆力矩,这个力矩通过与汽车横摆力矩相互抵消来抑制汽车侧倾失稳情况的发生。

PID 控制器的工作原理是采集系统误差信号,然后对误差信号分别进行比例运算、积分运算和微分运算,将结果相加就可以得到所需的控制量。它的各个环节有着不同的作用,其中,比例环节 P 的输出与输入的偏差信号成正比关系,偏差大则控制量也相应变大,可以迅速减小稳态误差,但是无法将之完全消除,控制量过大的话还会增大超调、震荡和不稳定;积分环节 I 的输出与偏差的积分成正比,将偏差累加在一起,加大控制量就能消除稳态误差,但是如果控制量过大就会增强超调和震荡;微分环节 D 的输出与输入的偏差信号的微分成正比,可以用来预估误差的变化走向,"超前"地增加或减小控制量,可以减小超调和震荡,使系统的动态响应更迅速,从而增强了系统的稳定性。

PID 控制器设计的核心是各个系统参数的整定,即为了确保比例系数 K_p、积分系数 K_i 和微分系数 K_d 能使系统的控制效果最好,各个系数都需要根据被控过程的特性确定大小。PID 控制器参数整定的方法主要有理论计算整定法和工程整定法。理论计算整定法是根据被控对象的特性和对控制效果的要求,通过理论计算的方式确定最佳的控制器参数,这种方法工作量大、工作过程相对烦琐,且获得的计算数据结果与实际情况会有出入,还需要经过工程实际的修正才可以使用;工程整定法是依据丰富的经验,经过多次的试验和尝试对各个系数进行调整,此类方法比较简单,已经在实际应用中得到广泛应用,主要包括经验试凑法、临界比例度法和衰减曲线法,这些都是通过经验公式对各系数进行整定的。不论通过何种方法得到的整定系数都需要在应用时进行最终的调整,使系统效果更佳。

临界比例度法对于临界比例度较小和不允许产生等幅震荡的系统不适用,衰减曲线法在干扰频繁时不容易得到精确的衰减比例度和衰减周期,而经验试凑法不受干扰的影响,简单易操作,因此,本书选择经验试凑法整定 PID 的各个参数。

(3)模糊控制。

1965 年,L. A. Zadeh 教授发表 *Fuzzy Set*,从此模糊理论开始被广大专家学者进行深入研究,随着时间推移,模糊理论越来越趋于完善,并且逐渐渗透到自然科学和社会科学的众多领域。1973 年开始,模糊理论开始应用于控制方面。1974 年,E. H. Mamdani 教授将模糊控制语句应用于锅炉和蒸汽机的控制,从此模糊控制走上历史舞台。

模糊控制是在系统中输入精确的人类语言,把所表达的方法及过程转变为模糊集合,然后经逻辑推理又变回精确的数字或函数,之后把这些精确量输出来,最后通过计算机实现控制的过程。由于模糊控制主要依赖人的经验,而非控制系统中的数学模型,实际上就相当于把人的思维与控制系统结合,通过计算机进行的复杂计算来实现人预想的结果,实现控制的智能化,所以它也属于一种智能控制。

模糊控制是一种比较高级的控制策略,它利用模糊逻辑和近似推理,输出所需要的控制量,对目标进行有效的控制。模糊控制器的控制流程图如图 4-14 所示,其中虚线框内表示的就是模糊控制器,e 为输入,u 为输出。

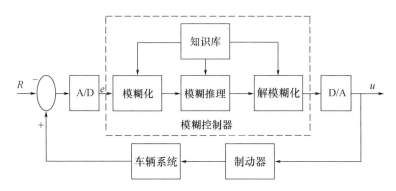

图 4-14 模糊控制器的控制流程图

模糊控制的基本思路是:经过信号采集及取样,获得被控对象的实际值,之后将实际值与给定的参考值加以比较,将两者差值 e 作为模糊控制器的输入信号输入模糊推理部分中进行模糊化处理,此时精确值 e 就变成了模糊量 E,这样便得到了误差 E 在模糊集合中的一个子集,经过 E 和制定的模糊规则 R 的判断,根据推理得到输出变量 u,这个输出量 u 将对被控对象进行控制。在这个过程中,模糊控制器中的推理部分由计算机完成。

为了达到准确控制的目的,还需进行解模糊,解模糊过程与模糊化过程刚好相反,是把之前模糊化的模糊量重新变成新的精确量,并且产生新的集合。新的精确量作为系统的输出,这个输出信号通过执行装置对控制对象进行控制,接下来重复前面的过程,进行第二次采样、第二次模糊化以及第二次解模糊,这样一直循环下去,即可达到控制的目的。

通过 Matlab 软件可以完成对模糊控制器的设计,设计过程也很简单,只需调用出 FIS 编辑器对输入、输出进行设置,然后确定各个量的隶属函数,编写制定系统模糊规则,即可完成控制器的设计。当需要对控制器修改时只需重新编辑即可。

本书设计的模糊控制器选择标准的二维控制结构,将车辆的侧向加速度误差 e 与误差的变化率 ec 作为输入,输出为目标车轮制动力 u,e、ec 和 u

分别对应的模糊量以 E、EC 和 U 表示。系统默认控制器是单输入、单输出结构,根据需要只需再添加一个输入(Add Variable)即可。

结构确定后需要把输入和输出变量进行模糊化,首先确定各变量的模糊子集,E 的模糊集为{NB,NM,NS,Z,PS,PM,PB},EC 的模糊集为{NB,NM,NS,Z,PS,PM,PB},U 的模糊集为{NB,NM,NS,Z,PS,PM,PB}。各个模糊量意义为:NB——负大,NM——负中,NS——负小,Z——几乎为零,PS——正小,PM——正中,PB——正大。

把误差 E、误差变化率 EC 和控制量 U 的论域均设置为{-1,-0.8,-0.6,-0.4,-0.2,0,0.2,0.4,0.6,0.8,1},E、EC 和 U 的隶属函数均为 7 个,输入变量 E、输入变量 EC 及输出变量 U 的隶属函数曲线分别如图 4-15、图 4-16 和图 4-17 所示。

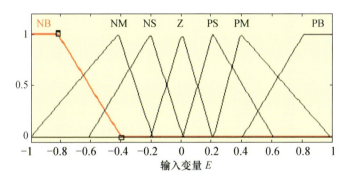

图 4-15 输入变量 E 的隶属函数曲线

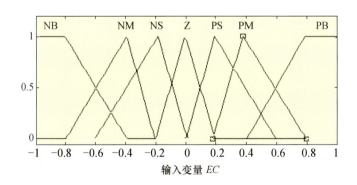

图 4-16 输入变量 EC 的隶属函数曲线

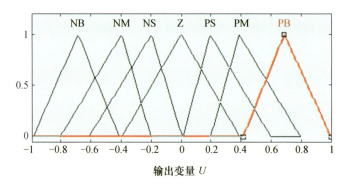

图 4-17 输出变量 U 的隶属函数曲线

隶属函数曲线确定完成之后,下一步需要做的是确定和编写模糊规则。由于输入 E 和 EC 包含的模糊语言变量均为 7 个,我们需要制定 49 条模糊规则,模糊规则根据经验进行制定。模糊规则表见表 4-3。根据模糊规则表,在 FIS 编辑器中编写模糊规则,如图 4-18 所示。

表 4-3 模糊规则表

EC	E						
	NB	NM	NS	Z	PS	PM	NB
NB	PB	PB	PB	PB	PM	ZO	ZO
NM	PB	PB	PB	PB	PM	ZO	ZO
NS	PM	PM	PM	PM	ZO	NS	NS
Z	PM	PM	PS	ZO	NS	NM	NM
PS	PS	PS	ZO	NM	NM	NM	NM
PM	ZO	ZO	NM	NB	NB	NB	NB
PB	ZO	ZO	NM	NB	NB	NB	NB

设置完成之后,将文件保存,以备仿真调用。打开已设计的模糊控制器的规则观测器和输入、输出关系曲面观测器,可以观察模糊规则和输入、输

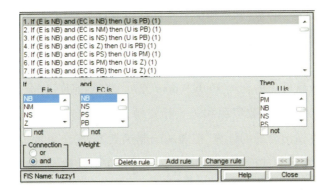

图 4-18　在 FIS 编辑器中编写模糊规则

出关系曲面,如图 4-19 所示。

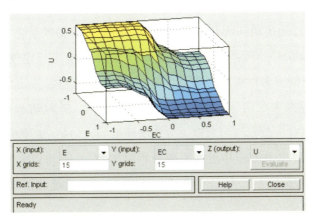

图 4-19　输入、输出关系曲面

4.4　防侧倾失稳控制策略仿真分析

依据前面章节中所建的整车参数模型以及设计的控制策略,在本章中使用 MATLAB/Simulink 软件来完成控制系统中所有模块的设置。然后通过与 CarSim 共同组成的离线仿真平台,对几种比较经典的行驶工况做出仿真,并且与没有控制系统的轻型客车的侧倾稳定性进行比较并对结果进行分析,证明本章中提出的控制策略的有效性和可靠性。

4.4.1 MATLAB/Simulink 简介

MATLAB 软件是由美国 Math Works 公司于多年前推出的一种高精度计算软件,拥有丰富的函数资源和工具箱资源,在易于使用的视窗模式下,能够准确对矩阵做出合理的计算,精确地绘制函数图形,出色地完成算法过程和文件管理,并且与其他软件的兼容度很高。在工程建设、控制设计、数据研究、图形绘制、信号收集、自动控制及科学计算等领域的普及程度高,已经得到了广泛的应用,极大地提高了工作效率。

Simulink 是 MATLAB 中重要的工具箱,它能够提供方便快捷且简单易懂的框图式设计仿真条件,是一个能够准确完成动态系统建模、仿真及分析的软件,能够很好地应用到所有线性、非线性、离散和非离散系统之中,也能够与数字控制及信号处理系统相匹配,方便人们顺利地进行建模、完成仿真。Simulink 可以依据多种采样时间或多种速率来完成建模,换言之,能够分别选用不同的速率来对系统内的各个部分进行采样。针对动态系统的建模,Simulink 中拥有一个专门用来建立方块图模型的入口,完成建模的步骤非常简单,仅仅需要单击鼠标并根据需要进行简单移动,就可以完成建模,这种方便简易的建模方法,能够让使用者马上得到相应系统的仿真数据。它的主要优点如下:

(1)建模方便、快捷。运用 MATLAB/Simulink 来构建需要的控制系统,操作起来简单方便,它的交互式图形编辑器可以直观地组合和管理模块图。

(2)方便进行模型分析。使用者能够方便直观地了解各个部分之间的信息交流,轻易地观察到整个系统的建模过程,掌握信息交互的过程。模型分析和诊断工具用来保证模型的一致性,避免模型中出现错误。

(3)具有优越的仿真性能。在模型创建完成之后,使用者能够直接通过 Simulink 或者 MATLAB 来进行仿真,由于两者具有一定的集合性,因此使用者能够从系统的每个部分和每个节点随时入手,对模型进行修改、完善和补充,也可以随时随地完成自己需要建立的仿真模型。

4.4.2　CarSim 与 Simulink 的交互数据

CarSim 模块的输入变量有两个,分别是左、右前轮轮缸压力,同时也是 Simulink 的输出变量。CarSim 输入变量对话框如图 4-20 所示,其中 IMP_PBK_L1 是左前轮制动力,IMP_PBK_R1 是右前轮制动力。

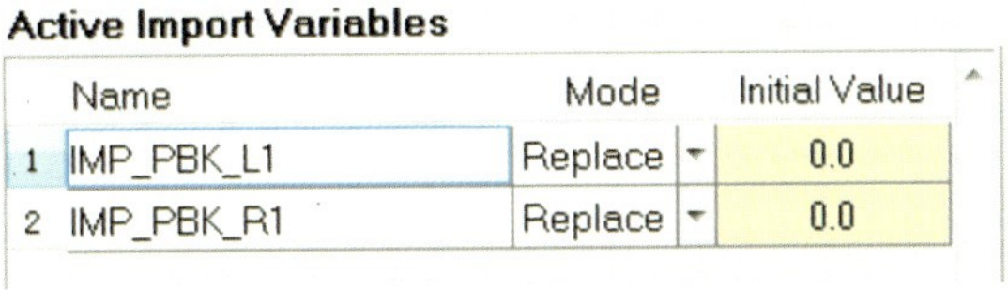

图 4-20　CarSim 输入变量对话框

CarSim 模块的输出变量有七个,分别是四个车轮垂直载荷、侧向加速度、质心侧偏角和横摆角速度。CarSim 输出变量如图 4-21 所示,其中 Fz_L1、Fz_R1、Fz_L2 及 Fz_R2 依次是左前轮、右前轮、左后轮及右后轮的垂直载荷,Ay 是侧向加速度,Beta 是质心侧偏角,AV_Y 是横摆角速度。

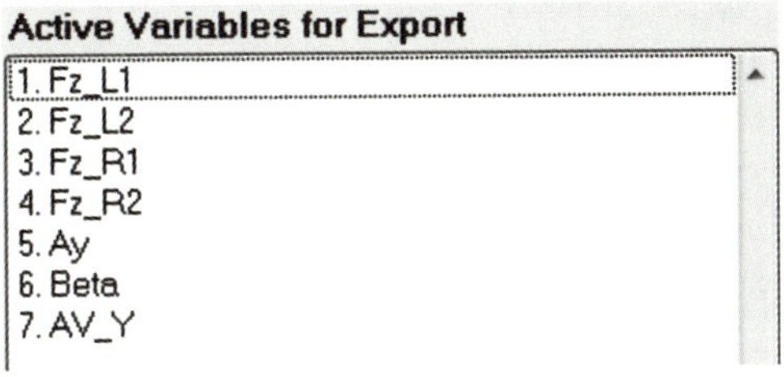

图 4-21　CarSim 输出变量

4.4.3　防侧倾失稳控制系统

将在 CarSim 中完成的模型导入 Simulink 环境中,根据控制的需要所建立的控制系统框图如图 4-22 所示。

LTR Calculator 是 LTR 的计算器,LTR 计算模块如图 4-23 所示,输入信号 1~4 依次分别代表左前、左后、右前和右后四个车轮的垂向载荷。

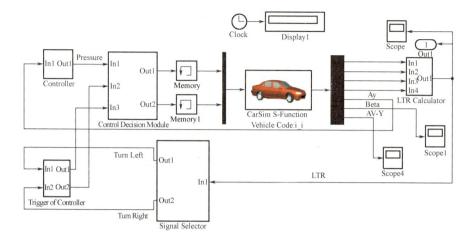

图 4－22　控制系统框图

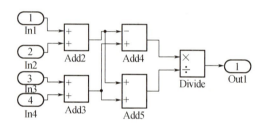

图 4－23　LTR 计算模块

Signal Selector 是信号选择器，当汽车左转时，只有输出路径 Out1 有信号且信号为正；汽车右转时只有 Out2 有信号且信号为负。输入为 LTR，LTR 值的正负可表征汽车的转向。信号选择器内部结构图如图 4－24 所示。

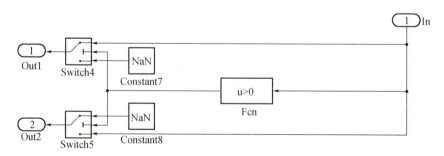

图 4－24　信号选择器内部结构图

Trigger of Controller 为控制器触发模块,其触发阈值设为 0.8,当输入信号|LTR|≥0.8 时触发控制器。触发模块结构图如 4-25 所示。

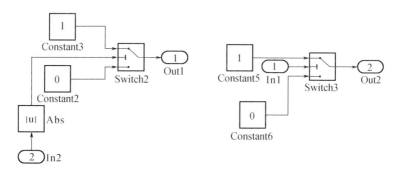

图 4-25 触发模块结构图

Controller 是控制器,本书分别采用了最优控制、经典的 PID 控制和模糊控制,PID 控制器如图 4-26 所示,模糊控制器如图 4-27 所示。最优控制的输入为状态变量 $x = [\beta, \gamma, \dot{\varphi}\varphi]^T$,PID 的控制变量为侧向加速度,模糊控制的输入变量为侧向加速度误差 E 和误差变化率 EC,输出均为目标车轮制动力。

Control Decision Module 为决策模块。如果 LTR≥0.8,则对右前轮施加制动力;如果 LTR≤-0.8,则对左前轮施加制动力。决策模块结构图如图 4-28 所示。

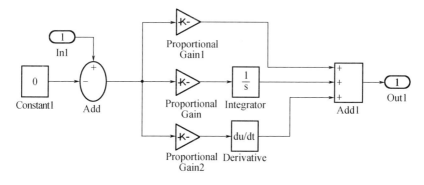

图 4-26 PID 控制器

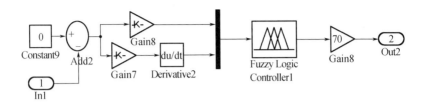

图 4-27 模糊控制器

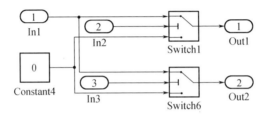

图 4-28 决策模块结构图

4.4.4 防侧倾失稳控制算法验证

(1)鱼钩试验工况。

汽车在行驶过程中是否发生侧倾失稳与地面的附着系数有很大的关系,特别是鱼钩试验这种带有急转弯的工况。为了验证路面附着系数对汽车侧倾失稳的影响,本书首先进行了一组不同路面附着系数下的仿真试验,选取高低两种情况,设定的路面附着系数分别是 0.85 和 0.2,选取的试验速度均为 80 km/h。在仿真结果中选取比较具有代表性的运行参数进行比较,选取的参数为车身侧倾角和侧向加速度,关系曲线如图 4-29 和图 4-30 所示。

通过对比车身侧倾角和侧向加速度变化曲线图 4-29 和图 4-30,可以很明显看出,在相同车速下,路面附着系数越高,汽车在鱼钩试验工况下的车身侧倾角和侧向加速度越大,说明汽车越可能发生侧倾失稳危险。在冰雪路面上,车身侧倾角最大值也没有超过 1°,侧向加速度最大约为 0.2g,可以确定此时没有发生侧倾失稳的危险,在冰雪路面上更容易发生的是侧滑和甩尾,因此要通过鱼钩试验验证控制效果需在高附着路面上模拟。

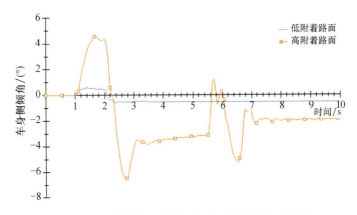

图4-29 路面附着系数与车身侧倾角的关系曲线

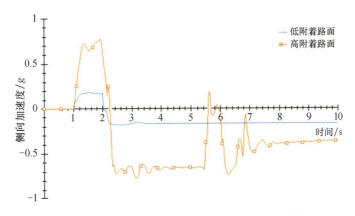

图4-30 路面附着系数与侧向加速度的关系曲线

综上,继续选取更容易发生侧倾失稳的高附着路面系数进行控制仿真试验。仿真时设置的起始车速同样为 80 km/h,路面摩擦系数设为0.85,选择干燥沥青路面。鱼钩试验工况下转向盘转角与时间的关系曲线如图4-31所示。分别采用三种控制方法进行控制,通过仿真得到响应曲线,包括车身侧倾角曲线、LTR 曲线和侧向加速度曲线。鱼钩试验工况下车身侧倾角的变化曲线如图4-32 所示。

从图 4-32 可以看出,在没有施加控制的情况下,汽车处于非常危险的工况,车身侧倾角最大达到 9°左右。施加控制时,无论采用何种控制,车身侧倾角都有明显的减小,最后都稳定在 4°左右,说明三种控制都有不错的效果。三种控制器均在 1.6 s 左右开始起作用,阻止车身侧倾角继续增大,其中最优控制时车身侧倾角减小的速度最快,其次是 PID 控制,最后是模糊控制,最优控制在更早的时刻使车身侧倾角保持在一个稳定的水平,而且波动也相对较小。

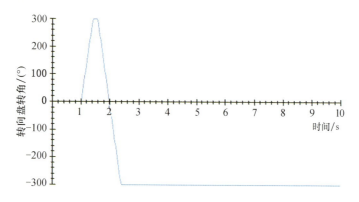

图 4-31　鱼钩试验工况下转向盘转角与时间关系曲线

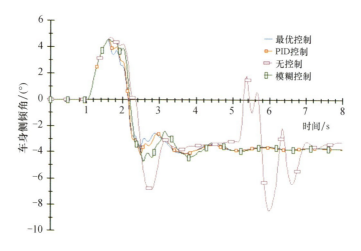

图 4-32　鱼钩试验工况下车身侧倾角的变化曲线

图 4-33 和图 4-34 分别为鱼钩试验工况下 LTR 曲线和 LTR 曲线放大图,从中可以看出,不施加任何控制时车辆 LTR 的绝对值最大已经接近 1,一侧的车轮几乎已经离开地面。当施加控制时,控制器在 1.5 s 左右开始起作

用,之后 LTR 绝对值都在 0.8 以内,稳定在了一个较为安全的水平。在 2 s 之后,三种控制器都使 LTR 有所波动,最优控制作用时的波动幅度最小且使 LTR 稳定的时刻更早,和 PID 控制器几乎一样,比模糊控制提前了 1 s 左右,效果更为理想。

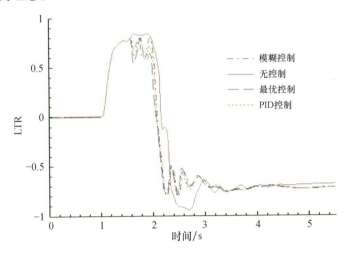

图 4-33 鱼钩试验工况下 LTR 曲线

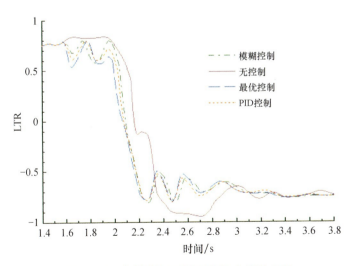

图 4-34 鱼钩试验工况下 LTR 曲线放大图

图 4-35 和图 4-36 分别为鱼钩试验工况下侧向加速度曲线和侧向加

速度曲线放大图,从中可以看出,三种控制方法都能有效降低汽车的侧向加速度。最优控制和 PID 控制刚开始起作用时侧向加速度波动较为明显,随后开始快速降低,之后的波动相对较小,而且在 4 s 左右时保持稳定;而模糊控制开始起作用时的波动较小,相对其他两种控制,该控制方式下侧向加速度的最大值最小,而且之后也使侧向加速度保持在一个较低的水平,最后在 5 s 左右达到稳定状态。

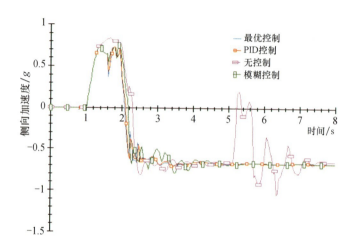

图 4-35　鱼钩试验工况下侧向加速度曲线

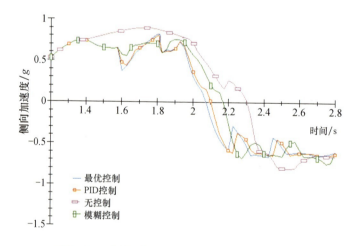

图 4-36　鱼钩试验工况下侧向加速度曲线放大图

从整个仿真试验的结果来看,在鱼钩试验工况中,三种控制方法均可以有效且快速地使车辆达到一个较为平稳的状态,均达到了抑制侧倾失稳的目的,其中最优控制的效果更好,可以更加迅速地保持汽车的侧向稳定。最优控制仿真试验过程模拟图如图 4-37 ~ 4-39 所示,可以直观地看到车辆的不足转向能力有了明显增强,右侧为没有施加控制的车辆,左侧为施加最优控制的车辆。

图 4-37 最优控制仿真试验过程模拟图(一)

图 4-38 最优控制仿真试验过程模拟图(二)

图 4-39 最优控制仿真试验过程模拟图(三)

(2)双移线输入试验工况。

双移线输入试验工况是典型的人-车闭环工况,在此工况下,车辆的行驶速度对车辆的稳定性有非常大的影响。本书首先在 CarSim 软件中模拟了一组不同速度的双移线输入试验工况,选取的速度分别为 60 km/h、90 km/h 和 120 km/h,地面附着系数均设为 0.85。选取侧向加速度和车身侧倾角作为分析对象,其曲线分别如图 4-40 和图 4-41 所示。

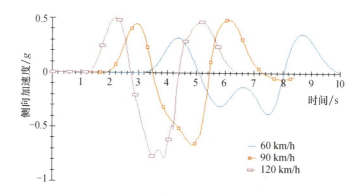

图 4-40　不同车速双移线输入试验工况下侧向加速度曲线

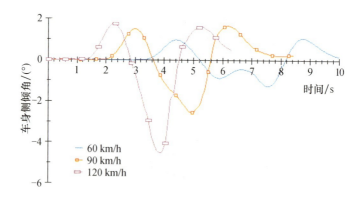

图 4-41　不同车速双移线输入试验工况下车身侧倾角曲线

由仿真结果可知,随着汽车行驶速度的不断提高,侧向加速度和车身侧倾角最大值也会不断增大,侧向加速度和车身侧倾角都可以用来表征汽车侧倾失稳的危险程度,侧向加速度越大、车身侧倾角越大说明汽车侧倾失稳的危险越大。所以得出结论:在双移线输入试验工况下,汽车车速越高,汽车越容易发生侧倾失稳。本书选取 120 km/h 的双移线输入试验工况进行模拟仿真。车身侧倾角、LTR 和侧向加速度曲线如图 4-42~4-46 所示。

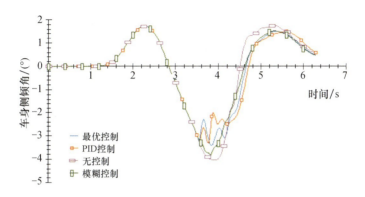

图 4-42　双移线输入试验工况下侧倾角曲线

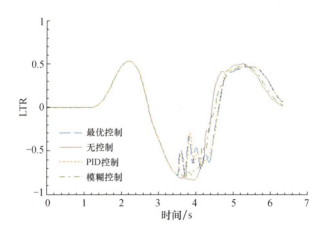

图 4-43　双移线输入试验工况下 LTR 曲线

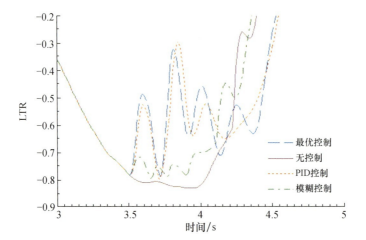

图4-44 双移线输入试验工况下LTR曲线放大图

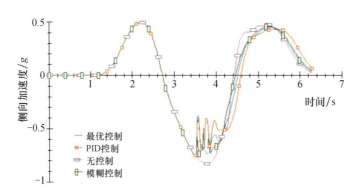

图4-45 双移线输入试验工况下侧向加速度曲线

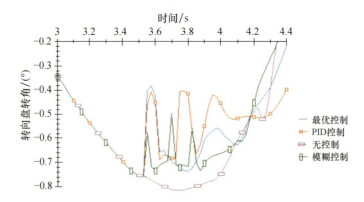

图4-46 双移线输入试验工况下侧向加速度曲线放大图

从变化曲线可以看出,施加控制以后,汽车车身侧倾角显著减小。大约在 3.5 s 时控制器开始起作用,其中最优控制和 PID 控制时车身侧倾角减小都比较明显,但是有所波动;模糊控制时车身侧倾角有所减小,但是减小幅度不如最优控制和 PID 控制。总体说来,三种控制方法都起到了很好的作用,使得汽车的行驶状态更加稳定,表明设计的控制系统在双移线输入试验工况下对汽车侧倾失稳有一定的抑制作用。

从图 4-44 可以看出,三种控制方法都把 LTR 的绝对值控制在了 0.8 以内,降低了汽车发生侧倾失稳的概率,其中最优控制和 PID 控制时 LTR 迅速降低,波动较大,但是控制效率较高;模糊控制时波动较小,可是车辆行驶更平稳。总之,三种控制方法均可以降低汽车发生侧倾失稳的可能性。

图 4-45 为双移线输入试验工况下的侧向加速度曲线,在 3.5 s 左右,PID 控制的侧向加速度先快速下降,然后又快速反弹,说明开始控制时的超调量比较大,控制还不够精准;最优控制在刚开始作用时与 PID 控制相似,但是之后的控制效果不如 PID 的控制效果;而模糊控制相对来说更加平稳,同时也达到了抑制侧向加速度继续增大的效果。

(3)J 弯转向试验工况。

J 弯转向试验工况设置的起始速度为 95 km/h,路面附着系数设定为 0.85,选择干燥的沥青路面。转向盘转角和时间的关系曲线如图 4-47 所示。为了验证最优控制、PID 控制和模糊控制的效果,选取车身侧倾角和 LTR 进行观察。J 弯转向试验工况下车身侧倾角曲线和 LTR 曲线分别如图 4-48 和 4-49 所示。

由图 4-48 可以看出,不施加控制时车身侧倾角最大值已经超过了 7°,而施加控制后,车身侧倾角均有了显著的减小,控制效果优劣依次为最优控制、PID 控制和模糊控制,其中最优控制使侧倾角最大值只能达到 5°左右。在 1.4 s 左右,控制器发挥作用,车身侧倾角增加开始变缓,在将近 1.8 s 时开始下降,三种控制方法都很有效地抑制了汽车的侧倾。

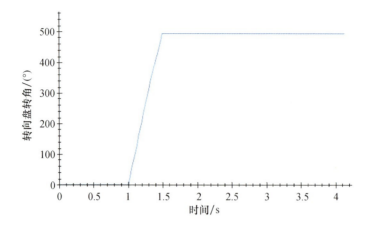

图 4-47 转向盘转角和时间的关系曲线

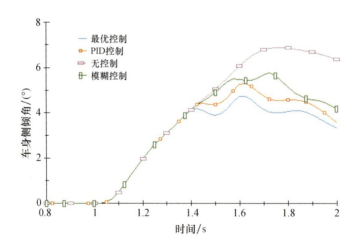

图 4-48 J 弯转向试验工况下车身侧倾角曲线

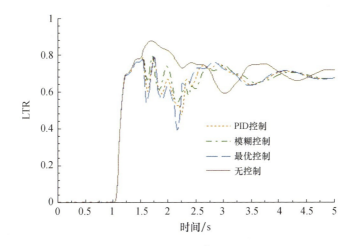

图 4-49　J 弯转向试验工况下 LTR 曲线

由图 4-49 可以看出，不施加控制时汽车的 LTR 已经超过了 0.9，处于非常危险的状态。采用最优控制和 PID 控制时，在 1.4 s 时 LTR 已经停止上升，甚至有所下降，之后一直把 LTR 的值控制在 0.8 以内；采用模糊控制时，LTR 同样在 1.4 s 开始下降，但是下降的速率先是低于前两种控制，随后在一个比较安全的范围波动，对防止汽车侧倾失稳起到了一定的作用。

4.5　本章小结

本章主要针对轻型客车在高速转弯过程中的侧倾稳定性进行研究，建立车辆参数化模型，提出控制目标及控制策略，并通过模拟仿真试验对所提出的控制策略加以比较验证。结果证明，本章所提出的三种控制策略均能够很好地控制车辆的侧倾失稳姿态，改善轻型客车的侧倾稳定性。

首先，建立车辆三自由度侧倾失稳参考模型，针对车身侧倾角、横摆角速度和侧向加速度等运动参数，对轻型客车侧倾稳定性影响因素进行分析，提出车辆侧倾失稳触发器，并基于车辆 LTR 设计侧倾失稳触发门限。

其次，针对轻型客车侧倾失稳运动特点，基于车辆侧向加速度设计反馈控制系统,提出差动制动方法,将车辆转弯过程中前外轮制动轮缸压力设为控制目标,设计最优控制、PID 控制和模糊控制三种控制策略,针对车辆运动变化,对车辆施加制动力矩,实现车辆防侧倾失稳控制。

然后利用 CarSim 软件和 MATLAB/Simulink 软件,建立轻型客车联合仿真模型,依据相关试验标准,针对干路面及冰雪路面,设定 J 弯转向、鱼钩试验和双移线输入试验三种典型工况,对本书提出的控制策略加以验证。通过对表征汽车运行状态的几个参数的对比,对控制效果进行分析,结果表明,三种控制策略均可以有效控制车身姿态变化,能够有效地抑制轻型客车发生侧倾失稳,验证了控制策略的有效性。

第5章 主动悬架防侧倾失稳控制策略

5.1 概　　述

悬架系统可以辅助车轮与地面保持较好的附着状态,进而保证车辆良好的操纵稳定性。近年来,消费者对乘坐车辆的舒适性与稳定性有了更高的追求,被动悬架的缺陷逐渐凸显出来。为了迎合消费者的需求,各大厂商纷纷开展研究,20世纪50年代初,通用公司便提出主动悬架的观点,依据车辆的运行状态实时调节悬架特性,以更好地适应车辆运行状态的变化。通常由安装在主动悬架上的作动器产生悬架控制力,对悬架的工作状态进行调节;而作动器产生力的大小主要通过安装在车辆上的各传感器为其提供信号,得到车辆当前的运行状态数据;再经过计算机处理单元(ECU)计算和处理,将结果发送给执行机构,从而调整悬架系统的刚度和阻尼,这样可以有效地衰减车辆的振动,并改变轮胎承受的垂向载荷,达到所需要的舒适性和安全性。因此,主动悬架可以保证车辆既具备乘坐舒适性,又有良好的平顺性和通过性。

近年来,全球各大研究机构对车辆防侧倾失稳控制进行的研究分析,大部分都是选择差动制动与防侧倾杆的方式。众所周知,车辆行驶与其附着力息息相关,影响附着力的主要因素有路面附着系数和轮胎承受的垂向载荷。而在给定的路面和工况下,路面附着系数是定量,故车轮承受的垂向载荷是影响车辆附着力的关键因素,增加轮胎承受的垂向载荷是增强车辆侧倾稳定性的一种主要方法。主动悬架可调整车轮承受的垂向载荷,车辆载荷的转移量与悬架的刚度、阻尼等参数有着密切的关系,因此可以通过更改悬架的相关参数,实现对车辆在发生侧倾过程中轮胎承受的载荷转移量的更改,使两侧轮胎的垂向载荷转移量降低,增大轮胎的附着力,增强车辆的防侧倾稳定性。

5.2 轻型客车参数化建模

在进行仿真分析之前需要建立一个尽可能精确的车辆模型,本书选择 CarSim 软件,针对某款轻型客车进行参数化建模,用模拟试验对轻型客车的主动防侧倾失稳的控制策略加以分析。利用 CarSim 软件进行参数化建模比传统方法建模更简便,实用性强,同时可以生成相应的动画,研究过程更加直观。

本书选取的参考车型的部分参数配置见表 5-1。

表 5-1 参考车型的部分参数配置

参数	数值	单位
整备质量 m	1 350	kg
簧上质量 m_s	1 182	kg
最大总质量 G	3 000	kg
转向系传动比 i	12	
最大功率 P	75	kW
质心距前轴的长度 a	1 267	mm
质心距后轴的长度 b	1 493	mm
轴距 L	2 760	mm
质心高度 H	800	mm
质心距侧倾中心距离 h	300	mm
绕 X 轴的转动惯量 I_x	380	kg·m^2
绕 Z 轴的转动惯量 I_z	2 350	kg·m^2

5.2.1 车辆外廓模型

车辆外廓模型的具体参数包括车身簧上质量、最大总质量、轮距、质心高度及整车转动惯量等,将这些参数输入到软件中,设置示意图如图 5-1 所示。

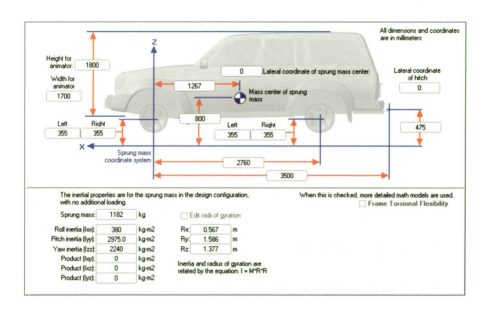

图 5-1 车辆外廓模型设置示意图

5.2.2 轮胎模型

轮胎是车辆中很重要的组成部分,它直接与道路相接触,能够起到缓和行驶过程中受到的道路冲击的作用,从而提高车辆的舒适程度和平顺程度。轮胎要与道路保持较好的附着情况,以增强整车的牵引效果、通过效果与制动效果。同时,它还承载着簧上质量。所以在构建整车参数化模型时,应单独对轮胎的情况加以研究。

本书选用为模型的轮胎半径是 300 mm,宽度是 185 mm,最大的承受载荷是10 000 N,建模过程中具体的轮胎模型参数设置示意图如图 5-2 所示。

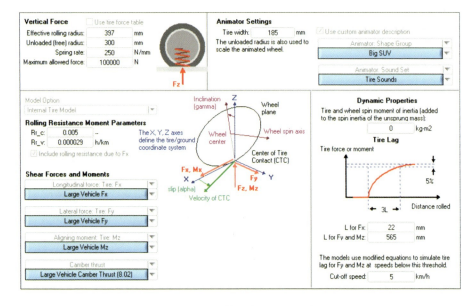

图 5-2 轮胎模型参数设置示意图

5.2.3 制动系统模型

制动系统能够起到降低行驶速度甚至使车辆停止行驶的作用,也可使车辆按稳定的速度沿坡路行驶,对保证车辆安全行驶有着非常重要的作用。

本书构建的整车模型的制动系统按照 CarSim 软件自有数据设置,另外按照本书需要,附有如下要求:若滑移率大于 0.2,则启动 ABS 部分开始工作;而在滑移率小于 0.15 的情况下,ABS 部分不再起作用。本书需要的制动系统参数设置示意图如图 5-3 所示。

5.2.4 悬架系统模型

在车辆中,悬架系统能够起到为车桥和车架传递力的作用,以矫正车辆的姿态,通过缓和道路施加给车辆的冲击力,减小由此带来的振动,从而保证车辆平稳地行驶。

CarSim 软件中的悬架均为被动悬架,但为悬架提供主动控制力的输入

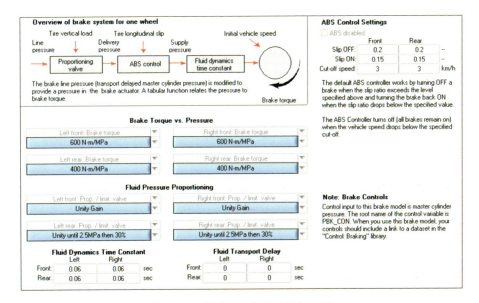

图 5-3　制动系统参数设置示意图

端口可通过如图 5-4 所示的方式,将其改变为主动悬架,本书需要的悬架系统模型参数设置示意图如图 5-4 所示。

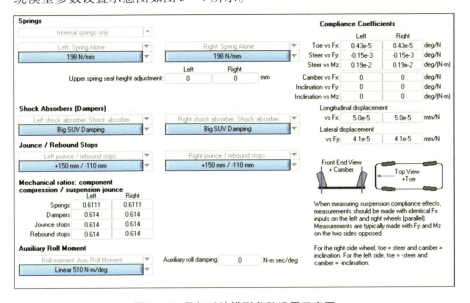

图 5-4　悬架系统模型参数设置示意图

5.2.5 转向系统模型

转向系统的作用是使车辆实现更改或维持原行驶方向,甚至倒退,达到能够根据驾驶员想法控制车辆行驶方向的目的。转向系统在保证车辆安全准确运行方面有着无可替代的作用。

本书构造的转向系统模型参数设置示意图如图 5-5 所示。

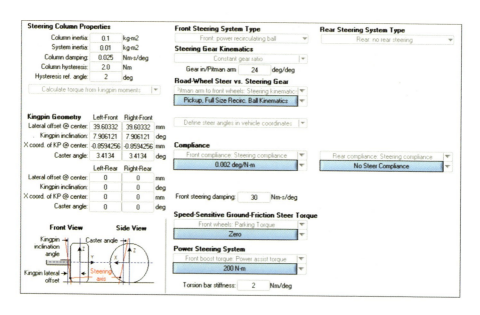

图 5-5　转向系统模型参数设置示意图

综合上述各子系统的模型,可以得出轻型客车的参数化模型,其示意图如图 5-6 所示。CarSim 软件构建的模型更加具体,可为后续的仿真试验提供可靠的基础。

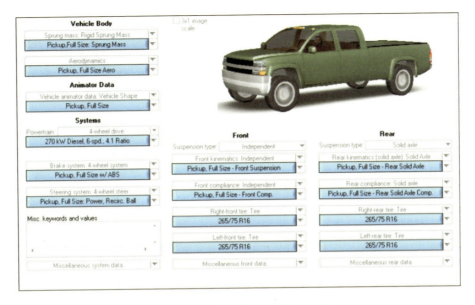

图5-6 轻型客车的参数化模型示意图

5.3 轻型客车防侧倾失稳控制系统研究

本节将对车辆发生侧倾失稳的机理进行阐述,利用车辆侧倾失稳模型对轻型客车的防侧倾失稳控制策略和控制系统进行研究及设计。

5.3.1 车辆侧倾失稳机理

车辆侧倾失稳被定义为在车辆运行过程中绕其纵轴中心线转动90°甚至更大的角度,导致车身侧面与地面发生接触的一种非常危险的侧向运动。车辆转向行驶时,在离心力的作用下,车身会发生一定程度的侧倾,随着侧向加速度的增大,车身侧倾的程度也会变大,而车身侧倾会加剧垂直载荷在内外两侧车轮上的转移,从而使外侧车轮的垂直载荷增大,内侧车轮的垂直载荷减小,当内侧车轮的垂直反力减小为零,即内侧车轮离开了地面,若车身有继续侧倾的趋势,车辆就有可能发生侧倾失稳。

导致车辆发生侧倾失稳事故的原因有很多,包括车辆结构参数因素和一些随机因素。车辆结构参数因素与车辆设计参数有关,如其质心高度、轮距、悬架和轮胎特性等;随机因素是指随车辆行驶而变动,不在车辆设计范围内的因素,如路面的附着系数、道路上是否有障碍物、驾驶员对车辆的操纵方式等。

车辆侧倾失稳按侧倾失稳原因分为两类,一类是绊倒型侧倾失稳(Tripped Rollover),另一类是由曲线运动引起的侧倾失稳(Maneuver Induced Rollover),即非绊倒型侧倾失稳。两者均是由于能量的转移而产生的。绊倒型侧倾失稳是指车辆在行驶过程中,由于驾驶员操作不当使车辆产生侧向滑移,与路面上的障碍物发生侧向撞击,将其"绊倒"而造成的侧倾失稳,在雨、雪等恶劣天气条件下发生的车辆侧倾失稳事故大多属于此类;由曲线运动引起的侧倾失稳是指车辆在道路上曲线行驶(避障、超车、转向等)时,其侧向加速度超过一定阈值,使车辆内侧车轮的垂直反力减小为零而引起的侧倾失稳,此类侧倾失稳多是由于驾驶员注意力不集中,高速避障下的侧倾失稳多属于此类。本章将对这两类侧倾失稳进行研究。

5.3.2 轻型客车侧倾失稳模型

为了更加简便地对轻型客车主动防侧倾失稳控制策略进行研究,需要建立一个可以体现出轻型客车运动状态的动力学模型。通过以往的分析和经验可以看出,从简单的二自由度的单轮模型,即1/4车辆模型,到复杂的七自由度整车模型都可用来描述车辆的运动状态。目前,各种复杂的模型也都可以利用计算机辅助设计软件来建立,当模型变得复杂,其中包含的参数和分析也随之变得复杂,反而会影响分析结果,所以需要对车辆进行一定的合理简化,忽略一些次要因素,得到简化后的车辆模型,在此基础上分析车辆主动防侧倾失稳控制策略。

(1)车辆三自由度模型坐标系。

为了能够清晰表达车辆的运动状态,本书建立了如图5-7所示的车辆坐标系。图5-7中,定义原点O为车辆的侧倾中心,即以车辆侧倾中心建立一个直角坐标系$OXYZ$,该坐标系采用"右手法则"定义坐标轴与正方向。

其中，X 轴代表车辆运动的纵向方向，其前进方向定义为 X 轴的正方向；由 X 轴和 Y 轴所构成的平面通过 O 点，与车辆实际行驶的地面呈平行的状态，Y 轴与 X 轴两条轴线相交于 O 点，且互相垂直，将 X 轴的正方向在平面内逆时针旋转 90°，便可得到 Y 轴的正方向，Y 轴为车辆的侧向方向，规定车辆前进方向的左侧方向为 Y 轴的正方向；Z 轴代表车辆垂直运动方向，通过 O 点并垂直于地面向上定义为其正方向。由坐标系可以得到车辆的三个基本方向的运动，即沿 X 轴的侧倾运动，沿 Y 轴的横向运动，沿 Z 轴的横摆运动。同时，规定车辆的前轮转角、轮胎侧偏角、侧倾角及横摆角速度等矢量均取其逆时针方向为正方向。

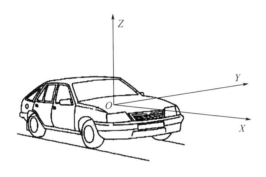

图 5-7　车辆坐标系

（2）车辆模型的假设条件。

利用建立的坐标系 OXYZ，对轻型客车进行合理简化，得到一个包含车辆侧向运动、横摆运动及侧倾运动的三自由度动力学模型。在建立动力学模型之前，进行如下假设，方便对模型进行简化。

①在行驶过程中，车身不会发生绕 Y 轴的俯仰运动。

②忽略空气动力学产生的影响。

③认为车辆的前后桥是无差异的。

④假设车辆左右两侧关于 X 轴对称，正常行驶状态下两侧的受力是相同的。

⑤假设车辆与 X 轴固结在一起，且沿 X 轴匀速前进。

⑥忽略车辆转向系、轮胎及悬架等非线性因素产生的影响。

⑦假设在发生侧倾失稳时,簧上质量的质心可跟随悬架位置而变动。

⑧假设轮胎的参数不变,前侧两个及后侧两个轮胎的运动轨迹是相同的,同轴的内外侧轮胎有相同的转角和侧倾角。

⑨不考虑轮胎回正力矩的影响。

⑩忽略由地面切向力和侧偏力的变化引起的轮胎侧倾特性的变化。

(3)模型的建立。

经过合理的简化,建立包含纵向和侧向二自由度模型与平面的侧倾模型相结合的车辆三自由度模型,动力学简图如图 5-8 所示。三个自由度分别为侧向位移、横摆角速度及簧上质量侧倾角,这三个自由度可以将车辆在曲线运动时的运动状态展现出来,便于对轻型客车侧倾失稳预警和主动防侧倾失稳控制的研究。

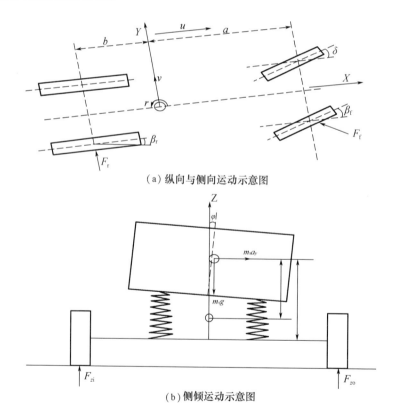

(a)纵向与侧向运动示意图

(b)侧倾运动示意图

图 5-8 三自由度模型动力学简图

考虑车辆三个自由度之间的相互影响,根据达朗贝尔原理和牛顿第二定律,可以得到轻型客车侧向运动的侧向力平衡方程、横摆力矩平衡方程及侧倾力矩平衡方程。

考虑到前轮转角的影响,可以得到侧向力平衡方程为

$$ma_y - m_s h\ddot{\varphi} = 2F_f\cos\delta + 2F_r \tag{5-1}$$

式中　m——车辆的整备质量,kg;

　　　a_y——车辆侧向加速度,m/s^2;

　　　m_s——簧上质量,kg;

　　　h——车辆质心位置到侧倾中心距离,mm;

　　　φ——簧上质量侧倾角,(°);

　　　F_f——前轮所受侧向力,N;

　　　δ——前轮转角,(°);

　　　F_r——后轮所受侧向力,N。

绕 Z 轴的横摆力矩平衡方程为

$$I_z\dot{r} = 2aF_f\cos\delta + 2bF_r \tag{5-2}$$

式中　I_z——绕 Z 轴的转动惯量,kg·m^2;

　　　r——横摆角速度,(°)/s;

　　　a——质心到前轴的距离,mm;

　　　b——质心到后轴的距离,mm。

簧上质量在质心位置绕 X 轴的力矩平衡方程为

$$I_x\ddot{\varphi} - m_s a_y h = m_s gh\varphi - c_\varphi\dot{\varphi} - k_\varphi\varphi \tag{5-3}$$

式中　I_x——簧上质量绕 X 轴的转动惯量,kg·m^2;

　　　g——重力加速度,m/s^2;

　　　c_φ——悬架等效侧倾阻尼系数,(kN·m)/s;

　　　k_φ——悬架等效侧倾刚度,(kN·m)/(°)。

对车辆横向速度 v 进行求导,得到车辆横向加速度 $\dot{v}$,与车辆纵向速度 u 和横摆角速度 r 之积相加,可得到车辆的侧向加速度方程为

$$a_y = \dot{v} + ur \tag{5-4}$$

(4)轮胎模型。

车辆行驶时,地面与轮胎相接触所产生的力可以分解为纵向和侧向两个方向上的作用力,车辆前进和制动所需要的动力由纵向力提供,而在转向时所需要的力是由侧向力提供的,可见侧向力是导致车辆发生侧滑、甩尾和侧倾失稳运动的作用力。故本书暂不考虑车辆的纵向性能,只考虑轮胎受到的侧向力。

图 5-9 所示为前轮侧向力与速度和前轮转角之间的关系图,用来对车辆在侧倾失稳时的轮胎受力情况进行分析。

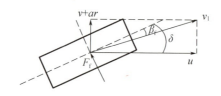

图 5-9　前轮侧向力与速度和前轮转角之间的关系图

忽略轮胎侧向力的非线性影响,定义前、后车轮的等效侧偏刚度分别为 k_f、k_r,β_f、β_r 分别为前轮和后轮的侧偏角,即可得到前、后车轮侧向力线性表达式:

$$\begin{cases} F_f = -k_f \beta_f \\ F_r = -k_r \beta_r \end{cases} \quad (5-5)$$

根据图 5-9 中的受力分析,得出前、后车轮的侧偏角表达式为

$$\begin{cases} \beta_f = \arctan\left(\dfrac{v+ar}{u}\right) - \delta \\ \beta_r = \arctan\left(\dfrac{v+br}{u}\right) \end{cases} \quad (5-6)$$

车辆在转弯行驶过程中,由于簧上质量发生侧倾,悬架导向杆和转向杆会发生运动变形,使车轮绕主销有一定角度的转动,进而引起轮胎侧偏角发生变化。在实际行驶时车轮并非严格地与地面保持垂直状态,因此在设计时轮胎相对地面的垂直平面会有一定的外倾角,当簧上质量侧倾时车轮的

外倾角也会随之变化,从而导致车轮侧偏角的变化。侧倾转向与侧倾外倾引起的车轮转向角的变化是等效的,所以车辆前、后车轮转向角的变化可统一表示为

$$\begin{cases} \Delta \delta_f = c_f \varphi \\ \Delta \delta_r = c_r \varphi \end{cases} \quad (5-7)$$

式中 $\Delta \delta_f$——前轮转向角变化,(°);

$\Delta \delta_r$——后轮转向角变化,(°);

c_f——前轴侧倾转向等效系数;

c_r——后轴侧倾转向等效系数。

变形转向与变形外倾引起的车轮转向角变化是等效的,所以把车辆前后车轮的转向角变化统一表示为

$$\begin{cases} \Delta \delta_f = c_1 F_f \\ \Delta \delta_r = c_2 F_r \end{cases} \quad (5-8)$$

式中 c_1——前悬架变形转向等效系数;

c_2——后悬架变形转向等效系数。

考虑到侧倾对悬架杆系的影响,可将前、后车轮侧偏角公式修正为

$$\begin{cases} \beta_f = \arctan\left(\dfrac{v+ar}{u}\right) - \delta - c_f \varphi - c_1 F_f \\ \beta_r = \arctan\left(\dfrac{v+br}{u}\right) - c_r \varphi - c_2 F_r \end{cases} \quad (5-9)$$

再引入两个无量纲参数 ζ_f、ζ_r,分别为前、后轮侧偏角悬架变形转向修正系数,可得到

$$\begin{cases} \zeta_f = \dfrac{1}{1 - c_1 k_f} \\ \zeta_r = \dfrac{1}{1 - c_2 k_r} \end{cases} \quad (5-10)$$

假设横摆速度与横摆角速度相对于车速较小,则轮胎侧偏角的线性模型表示为

$$\begin{cases} \beta_f = \zeta_f \left[\left(\dfrac{v+ar}{u} \right) - \delta - c_f \varphi \right] \\ \beta_r = \zeta_r \left[\left(\dfrac{v+ar}{u} \right) - c_r \varphi \right] \end{cases} \qquad (5-11)$$

定义 k_1、k_2 分别为前、后轮的等效侧偏刚度,可得

$$\begin{cases} k_1 = -2k_f \zeta_f \cos \delta \\ k_2 = -2k_r \zeta_r \end{cases} \qquad (5-12)$$

由之前的推导,可以得到整车三自由度模型的系统微分方程为

$$\begin{cases} m(\dot{v}+ur) - m_s h \ddot{\varphi} = k_f \left[\left(\dfrac{v+ar}{u} \right) - \delta_h - c_f \varphi \right] + k_r \left[\left(\dfrac{v-br}{u} \right) - c_r \varphi \right] \\ I_z \dot{r} = ak_f \left[\left(\dfrac{v+ar}{u} \right) - \delta_h - c_f \varphi \right] - bk_r \left[\left(\dfrac{v-br}{u} \right) - c_r \varphi \right] \\ I_x \ddot{\varphi} - m_s (\dot{v}+ur) h = m_s g h \varphi - c_\varphi \dot{\varphi} - k_\varphi \varphi \end{cases}$$

$$(5-13)$$

经过整理即可得到最终的三自由度侧倾运动方程,即

$$\begin{cases} I_x \ddot{\varphi} + c_\varphi \dot{\varphi} - m_s h \dot{v} + (k_\varphi - m_s g h)\varphi - m_s h r u = 0 \\ m_s h \ddot{\varphi} - m\dot{v} - mru - (k_f c_f + k_r c_r)\varphi + (k_f + k_r)\dfrac{v}{u} + (ak_f - bk_r)\dfrac{r}{u} - k_f \delta_h = 0 \\ I_z \dot{r} + (ak_f c_f - bk_r c_r)\varphi - (ak_f - bk_r)\dfrac{v}{u} - (a^2 k_f + b^2 k_r)\dfrac{r}{u} + ak_f \delta_h = 0 \end{cases}$$

$$(5-14)$$

(5) 系统状态空间方程的建立。

式(5-14)中,存在 v、$\dot{v}$、r、$\dot{r}$、φ、$\dot{\varphi}$、$\ddot{\varphi}$ 七个变量,根据系统状态空间的定义,本书所列微分方程可由含有 v、r、φ、$\dot{\varphi}$ 的四维状态空间方程表达。

将系统的状态变量记为

$$\boldsymbol{X} = \begin{bmatrix} x_1 & x_2 & x_3 & x_4 \end{bmatrix}^T = \begin{bmatrix} v & r & \varphi & \dot{\varphi} \end{bmatrix} \qquad (5-15)$$

将式(5-15)中的状态变量依次求一阶导数,可得到如下的关系:

$$\dot{x}_1 = \dot{v}, \quad \dot{x}_2 = \dot{r}, \quad \dot{x}_3 = \dot{\varphi}, \quad \dot{x}_4 = \ddot{\varphi} \qquad (5-16)$$

将式(5-15)和式(5-16)代入系统微分方程(5-14)中,可得

$$\begin{cases} I_x\dot{x}_4 + c_\varphi x_4 - m_s h \dot{x}_1 + (k_\varphi - m_s gh)x_3 - m_s hux_2 = 0 \\ m_s h\dot{x}_4 - m\dot{x}_1 - mux_2 - (k_f c_f + k_r c_r)x_3 + (k_f + k_r)\dfrac{x_1}{u} + (ak_f - bk_r)\dfrac{x_2}{u} - \\ k_f \delta_h = 0 \\ I_z \dot{x}_2 + (ak_f c_f - bk_r c_r)x_3 - (ak_f - bk_r)\dfrac{x_1}{u} - (a^2 k_f + b^2 k_r)\dfrac{x_2}{u} + ak_f \delta_h = 0 \end{cases}$$

(5-17)

再将式(5-17)转化为状态方程的标准形式 $\dot{X} = AX + Bu$，可得

$$A = \begin{bmatrix} \dfrac{(k_f + k_r)I_x}{(mI_x - m_s^2 h^2)u} & \dfrac{(ak_1 - bk_2)I_x}{(mI_x - m_s^2 h^2)u} - u & -\dfrac{(k_\varphi - m_s gh)m_s h - (k_f c_f + k_r c_r)I_x}{mI_x - m_s^2 h^2} & \dfrac{c_\varphi m_s h}{m_s^2 h^2 - mI_x} \\[6pt] \dfrac{ak_f - bk_r}{I_z u} & \dfrac{a^2 k_f + b^2 k_r}{I_z u} & -\dfrac{ak_f c_f - bk_r c_r}{I_z} & 0 \\[6pt] 0 & 0 & 0 & 1 \\[6pt] -\dfrac{(k_f + k_r)m_s h}{(mI_x - m_s^2 h^2)u} & \dfrac{(ak_f - bk_r)m_s h}{(mI_x - m_s^2 h^2)u} & -\dfrac{(mg - ak_f - bk_r)m_s h - mk_\varphi}{m_s^2 h^2 - mI_x} & \dfrac{mc_\varphi}{m_s^2 h^2 - mI_x} \end{bmatrix}$$

$$B = \begin{bmatrix} \dfrac{k_r I_x}{m_s^2 h^2 - mI_x} & -\dfrac{ak_f}{I_z} & 0 & \dfrac{k_f m_s h}{m_s^2 h^2 - mI_x} \end{bmatrix}$$

5.3.3 车辆侧倾失稳性能指标与侧倾失稳条件

车辆侧倾失稳性能指标可用于判断车辆是否即将发生侧倾失稳，这些指标也可作为激活控制器的重要依据。侧向加速度和侧倾角是与车辆侧倾失稳关联最密切的两个参数，通常被看作车辆侧倾失稳性能指标。最常见的研究方法是先通过试验或仿真计算得到侧向加速度和侧倾角的阈值，车辆在行驶过程中，系统会测量或估算得到侧向加速度和侧倾角的实时数据，并与其侧倾失稳阈值进行比较，当侧向加速度或侧倾角大于其侧倾失稳阈值时，表明车辆有发生侧倾失稳的可能，从而激活主动防侧倾失稳控制系统开始工作，然后再通过主动防侧倾失稳控制系统来调节悬架工作状态，矫正车身的姿态，提高车辆的侧倾稳定性能，降低车辆侧倾失稳事故发生的可能性。

另外,可通过能量方法进行侧倾失稳判断:当车辆转动动能大于使车辆到达侧倾失稳位置所需的能量时,表明车辆有发生侧倾失稳的危险。还可通过监测轮胎、车速等参数,查阅先前建立的信息对应表,以确定侧向加速度的阈值,从而对车辆的操作稳定性进行判断。

由于不同车型具有不同的参数配置,其侧倾失稳指标的值也有所不同,因此需要针对不同车辆测量或估算其侧倾失稳阈值或建立相应的信息对应表。可见,以上介绍的利用侧倾失稳性能指标识别车辆是否有侧倾失稳危险的方法是不具有通用性的。本书选取第4章所述LTR作为判断车辆是否有发生侧倾失稳可能的指标。

由图5-8所示的模型可得到车辆绕侧倾中心的受力平衡方程为

$$k_\varphi \varphi - mg\varphi = ma_y h \quad (5-18)$$

车辆绕轮距中心点的受力平衡方程为

$$(F_{zo} - F_{zi})\frac{t}{2} - m_s a_y H - k_\varphi \varphi - c_\varphi \dot{\varphi} = 0 \quad (5-19)$$

式中　F_{zo}——车辆在转向时外侧车轮受到的垂直力,N;

　　　F_{zi}——车辆在转向时内侧车轮受到的垂直力,N。

根据式(5-4),则有

$$LTR = \frac{F_{zo} - F_{zi}}{F_{zo} + F_{zi}} = \frac{2}{mgt}[m_s H(\dot{v} + ur) + k_\varphi \varphi + c_\varphi \dot{\varphi}] \quad (5-20)$$

根据式(5-20)建立在车辆行驶状态下的动态LTR的数学表达式,即可计算出每一时刻的LTR,并作为车辆实时的侧倾失稳危险指标。

经研究表明,当LTR大于0.8或者小于-0.8时,即LTR的绝对值超过0.8时,防侧倾失稳控制系统将判定车辆即将发生侧倾失稳,从而激活控制器开始工作。因此,本书将取|LTR|=0.8作为侧倾失稳阈值。

5.3.4　控制策略

在车辆控制系统中,控制方法、传感器技术以及执行机构都是不可缺少的部分。其中,传感器和执行机构的设计通过技术方法得以实现,而控制方法则是整个控制系统的核心,设计控制方法需要将现代自动控制理论与车辆动力学理论结合起来,再利用计算机进行建模仿真分析,最终采用模拟试验的方法,才能最终确定其控制方法。

车辆在急变换车道、高速转向等工况下行驶时,在惯性的作用下,会使簧上质量绕侧倾轴线发生转动,导致内、外侧车轮的垂直载荷发生转移,内侧车轮的垂直载荷将减小,外侧车轮的垂直载荷将增加。垂直载荷的重新分配,使得外侧悬架减振器受力压缩,内侧则受力拉伸,如果车辆的侧向加速度继续加大,LTR 也随之增大,当超过侧倾失稳阈值时便会有发生侧倾失稳的危险。为了避免车身发生过大的侧倾,需协同控制调节两侧悬架的阻尼和刚度,来实现 LTR 的调节,保证车辆的侧倾稳定性,避免侧倾失稳事故的发生。

本书以轻型客车的整车模型为基础,采用主动防侧倾失稳技术,针对其主动悬架对车身发生的侧倾状况进行调节,通过两侧悬架纵向主动控制力的差动输入,调节悬架工作状态,矫正车身姿态,使车身姿态变化幅度降低,从而避免车辆侧倾失稳事故。本书仅通过控制器给内、外侧的悬架提供相应的悬架主动控制力,并不涉及如何调节悬架的阻尼和刚度以产生悬架主动控制力的问题,所以输出的控制力将直接作用于车体之上,用来补偿防止车辆发生侧倾失稳时所需的力,与车身的惯性力相对抗,保证车辆稳定性。

(1)控制系统的设计。

控制系统旨在为运行过程中的车辆减少并抑制侧倾失稳的发生,所以需要采集车辆在运行过程中的状态数据,根据实时的运动数据进行计算,从而判断是否激活主动防侧倾失稳控制系统,控制系统示意图如图 5-10 所示。

首先利用 CarSim 模型输出各个车轮的垂向力、侧向加速度和车身侧倾角等车辆运行过程中的实时状态参数值,计算出车辆的实时 LTR,并根据 LTR 的数值判断是否需要激活控制器开始工作。当控制系统被激活时,控制器向 CarSim 车辆模型中输入适当的悬架主动控制力,通过调节悬架的工作状态,矫正车身侧倾姿态,从而减小或消除侧倾失稳的趋势,抑制侧倾失稳的发生。并在新的状态下再次采集车辆运行状态数据,计算 LTR,对是否继续向主动悬架施加控制进行判断,若 LTR 的绝对值仍然超过 0.8,则控制

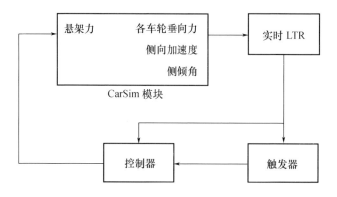

图 5 – 10 控制系统示意图

器需要继续工作,直至 LTR 数值调整到 $-0.8 \sim +0.8$ 之间,从而实现系统的实时反馈控制。

由于车辆的运行环境比较复杂,因此要求其防侧倾失稳控制系统可靠性高;又由于车辆侧倾失稳通常发生在一瞬间,因此要求所设计的控制系统具有一定的实时性和快速性。通常,简单的控制方法达不到理想的效果,而过于复杂的控制方法因对硬件要求过高,难以实现。所以,选择合适的控制方法在主动防侧倾失稳控制研究中极为重要,本书采用 PID 控制方法和模糊控制方法,对主动悬架防侧倾失稳控制系统进行设计。

(2)PID 控制器的设计。

PID 控制方法是系统控制技术中较为成熟、应用较为广泛的一种控制方法。它具有结构简单,便于实现的优势,并且使用该控制方法并不需要对被控对象的模型结构进行过多的研究,只需根据经验对控制器的参数进行整定即可,因此 PID 控制器备受专家学者的欢迎,并已经被大量应用于实践当中。

PID 控制属于直接数字控制模式,其基本原理是利用被控对象输出值与理想值之间的偏差值,按照比例、积分及微分三个环节进行计算,通过线性组合来调整系统状态的参数值。通常,PID 控制系统由被控对象和 PID 控制器组成,其控制原理示意图如图 5 – 11 所示。首先将被控对象的输出值

$y(t)$反馈到输入端,然后与理想值$r(t)$进行比较,求出偏差信号$e(t) = r(t) - y(t)$,再将偏差$e(t)$输入 PID 控制器中,最后由 PID 控制器对偏差$e(t)$的调整量做线性组合,并将调节因子$u(t)$输出给被控对象。

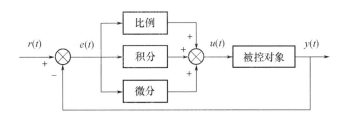

图 5-11　PID 控制原理示意图

PID 控制在连续时间域内的控制规律可由式(5-21)进行表达:

$$u(t) = K_{\mathrm{p}} e(t) + K_{\mathrm{i}} \int_0^t e(t) \mathrm{d}t + K_{\mathrm{d}} \frac{\mathrm{d}e(t)}{\mathrm{d}t} \quad (5-21)$$

式中　$u(t)$——控制器的输出控制量;
　　　K_{p}——控制器的比例增益系数;
　　　K_{i}——控制器的积分增益系数;
　　　K_{d}——控制器的微分增益系数;
　　　$e(t)$——被控对象输出值与理想值的相对偏差。

$u(t)$是 PID 控制器的输出量,可以写成

$$u(t) = K \left\{ e(t) + \frac{1}{T_{\mathrm{i}}} \int_0^t e(t) \mathrm{d}t + T_{\mathrm{d}} \frac{\mathrm{d}e(t)}{\mathrm{d}t} \right\} \quad (5-22)$$

式中　$e(t)$——控制器的比例增益系数;
　　　T_{i}——控制器的积分时间常数;
　　　T_{d}——控制器的微分时间常数。

由于计算机只能处理离散信号,因此在进行 PID 控制时,需将连续的 PID 控制算法转换为离散的 PID 控制算法,其离散化后的形式为

$$u(t) = K_{\mathrm{p}} \left\{ e(t) + \frac{T}{T_{j}} \sum_{j=0}^{k} e(t) + \frac{T_{\mathrm{d}}}{T} [e(t) - e(k-1)] \right\} \quad (5-23)$$

式中　T——控制器的采样周期;

k——控制器的采样序号,$k=0,1,2,3\cdots$;

$e(k)$、$e(k-1)$——控制器的采样偏差值。

PID控制器包括比例、积分及微分调节环节三个部分,每部分的功能如下:

①比例调节环节。比例调节产生的输出与偏差信号成正比,比例调节参数增大,可提高系统调节的速度,但如果所占比例过大,将使系统稳定性变差。

②积分调节环节。积分调节可以减少静态偏差信号,提高被控系统的无差度。当系统存在偏差信号时,积分调节环节会进行调节,直至偏差信号消失。若系统中始终存在偏差,积分调节就会增大输出控制量,以消除偏差。积分时间常数的取值决定系统积分调节环节的效果,若时间常数过大,则积分作用就会变弱。积分环节将延长控制系统的响应时间,增大系统的超调量,导致系统稳定性下降,影响系统的动态响应特性,这时就有必要采用微分环节进行调节。

③微分调节环节。微分调节具有一定的预见性,可以及时反映和预知系统偏差的变化趋势,在系统出现较大的偏差之前,产生早期修正因子,输出超前的控制量,使系统的响应加快,进而缩短系统的调节时间,避免系统出现振荡,保证了系统的动态稳定性。

因此,将上述三种控制进行线性组合,并对PID控制器参数进行整定,达到较好的控制效果,就可以快速、平稳、精确地消除系统中的偏差。

PID控制器中的参数对整个系统的控制效果起着非常重要的作用,参数的整定也是PID控制系统设计的主要环节。目前常用的PID参数整定方法有很多种,但按照其本质原理可分为以下两种。

①理论计算整定法。理论计算整定法是指需要依照被控对象的数学模型,利用理论推导的方法,求解出控制器的参数。但是利用此方法得到的参数是理论值,还需要通过试验再对参数进行二次调整,才能提高系统的实用性。

②工程整定法。常见的工程整定法主要有Ziegler-Nichols整定法、临界比例度法和衰减曲线法。这三种方法分别有各自的特点,但它们都是将试

验与工程经验相结合,对控制参数进行合理的整定。工程整定法对系统的数学模型没有过多的要求,可以直接在目标系统控制过程中进行控制器的参数设定。

由于本书采用 MATLAB/Simulink 对 PID 控制器进行仿真设计,可利用 Simulink 的图形功能和可视化操作的特点,观察输出量的仿真曲线,从而实现对 PID 控制器参数的整定。本书将根据主动悬架的性能指标要求,利用试凑法调整 PID 控制器的参数,逐步调节至满足要求为止。

在试凑过程中,可依据表 5 – 2 中描述的 K_p、K_i、K_d 的变化规律,以及经验公式和主动悬架系统的特性,对参数按"先 P 后 I 再 D"的顺序进行调整,然后再观察输出量的仿真曲线,若不满意,还可再进行调整。

表 5 – 2　参数与系统时间域性能指标间的关系

参数名称	上升时间	超调量	过渡过程时间	静态误差
K_p	变小	变大	几乎无变化	变小
K_i	变小	变大	变大	消除
K_d	几乎无变化	变小	变小	几乎无变化

本书根据前文所述的比例系数、积分系数和微分系数对控制的影响,以及各参数的变化规律对 PID 控制器的参数进行整定,具体操作步骤如下:

①确定比例系数 K_p。先将积分系数 K_i 与微分系数 K_d 设置为 0,并保持不变,由小到大逐渐调整 K_p,利用 Simulink 模块中的示波器对主动悬架系统响应曲线进行观察,直至系统的响应开始出现振荡,记录下此时的 K_p 数值,给定 K_p 为此时数值的 60% ~70%。

②确定积分系数 K_i。先给定 K_i 一个较小的值,把之前得到 K_p 的数值略微调小,再逐渐对 K_i 进行调节,观察示波器中的响应曲线,直至得到理想的响应曲线,使系统具有较好的动态特性,并减小静态误差。

③确定微分系数 K_d。方法与整定 K_i 相同,将之前得到的 K_p、K_i 数值略微调小,再从小到大调节 K_d,根据曲线的效果调整 K_p 与 K_i,直至得到理想的

曲线。

本书所设计的控制系统最理想的目标是使 LTR 的值为零,根据这个理想目标与实际的 CarSim 模型输出的 LTR 的值相减可以得到偏差 e,即 LTR 的值与目标设定值 0 之间的差,偏差 e 作为控制器的输入量,经过 PID 控制器之后,即可得到输出量 u,即被控对象的悬架主动控制力。

(3) 模糊控制器设计。

根据模糊控制的基本原理,本书将对基于主动悬架的轻型客车主动防侧倾失稳控制系统的模糊控制器进行设计。

在模糊控制器设计的过程中,需要对模糊控制器的基本结构、模糊控制的规则和解模糊策略进行设计,制订模糊控制表和设定模糊控制器的参数。以往对主动悬架系统的研究中,通常选用二维模糊控制器,故本书将以车辆的 LTR 的实时数值与其理想值之间的差值,即 LTR 的值与 0 之间的差值作为误差 e,误差 e 的微分作为误差变化率 ec,两者分别作为模糊控制器的输入量,u 作为控制器输出量,即悬架主动控制力。本书设计的模糊控制器结构图如图 5-12 所示。

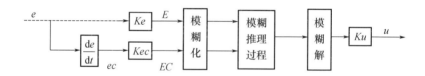

图 5-12 本书设计的模糊控制器结构图

首先要对输入量的精确量进行模糊化。设定 e 的基本论域为 $[-e,e]$,记为 E;设定 ec 的基本论域设定为 $[-ec,ec]$,记为 EC;设定被控对象的基本论域为 $[-u,u]$,记为 U。

然后对本书需要的模糊控制规则进行设计。模糊控制器中的控制规则是一系列的模糊条件语句,在控制语句中用于描述输入和输出变量状态词汇的集合,被称变量的词集,通常使用"大、中、小"三个词进行描述,还需要判断其正、负两个方向,并考虑变量的零状态,故共有八个词对词集进行描述,即负大、负中、负小、负零、正零、正小、正中、正大。

误差 E、误差变化率 EC 与控制量 U 的语言变量值,分别如下所列:

误差 E:{负大,负中,负小,负零,正零,正小,正中,正大},其英文表达为{NB,NM,NS,NO,PO,PS,PM,PB};

误差变化率 EC:{负大,负中,负小,零,正小,正中,正大},其英文表达为{NB,NM,NS,ZO,PS,PM,PB};

控制输出量 U:{负大,负中,负小,零,正小,正中,正大},其英文表达为{NB,NM,NS,ZO,PS,PM,PB}。

输入变量 E、输入变量 EC 及输出变量 U 的隶属函数曲线分别如图 5-13~图 5-15 所示。

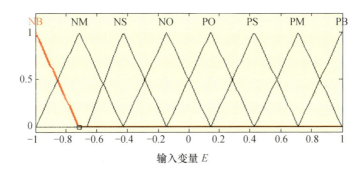

图 5-13　输入变量 E 的隶属函数曲线

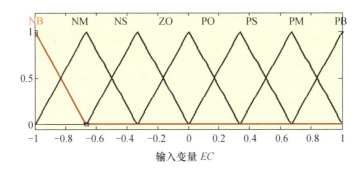

图 5-14　输入变量 EC 的隶属函数曲线

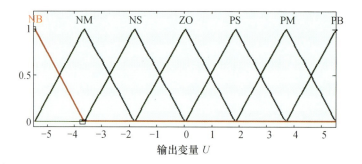

图 5-15　输出变量 U 的隶属函数曲线

确定各变量的隶属函数后,就可以建立模糊控制器的控制规则。第一步需要建立模糊控制表,模糊控制表建立的基本思想是将以往研究中的控制经验进行总结,得到符合需要的模糊条件语句的集合。为了控制系统有较好的稳定性,可以设置如下的控制规则:当误差 E 为负大时,误差变化 EC 无论是何种状态,都要选择控制量 U 为正大,以消除存在的负大误差,并抑制其增大的趋势;当误差 E 为负小、负中或零,并且误差变化 EC 为正时,系统本身已经存在减小误差的趋势,为尽快消除误差,控制量 U 应取较小;当误差 E 为负小、负中或零,并且误差变化 EC 为负时,这说明此时系统的误差有扩大的趋势,控制量 U 应选择正中,用于抑制误差的继续扩大。综上所述,本书选取控制规则的基本原则是:当误差较大时,控制量的选择要尽量可以满足消除系统误差的需求;而当误差较小时,控制量选择则需要注意防止超调,以保证系统具有良好的稳定性。

依据以上的控制规则,本书制定了相应的模糊控制规则表,见表 5-3。

表 5-3　模糊控制规则表

EC	E							
	NB	NM	NS	NO	PO	PS	PM	PB
NB	PB	PB	PM	PM	PM	PS	ZO	ZO
NM	PB	PB	PM	PM	PM	PS	ZO	ZO

续表 5-3

EC	E							
	NB	NM	NS	NO	PO	PS	PM	PB
NS	PB	PB	PS	PS	PB	ZO	NS	NM
ZO	PM	PB	PS	ZO	ZO	NS	NM	NM
PS	PM	PM	PS	ZO	NS	NS	NB	NM
PM	PS	PM	ZO	NS	NM	NB	NB	NB
PB	PS	ZO	NS	NS	NM	NB	NB	NB

根据表 5-3 设计的模糊控制规则，在 FIS 编辑器中编辑模糊规则，如图 5-16 所示。

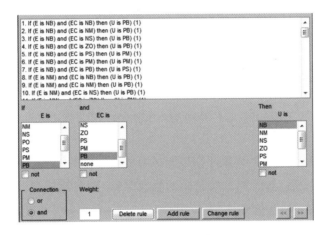

图 5-16 在 FIS 编辑器中编辑模糊规则

5.4 联合仿真控制验证分析

随着汽车行业与计算机技术的发展，利用计算机软件对车辆进行联合仿真的技术得到了长足的发展，其具有的诸多优势，使其在车辆控制领域应用得越来越广泛。本章主要针对基于主动悬架的轻型客车整车模型，采用

CarSim 和 MATLAB 两款软件进行联合仿真,并结合前面设计的控制策略,对仿真结果进行比较分析,以验证控制系统的可行性。

5.4.1 防侧倾失稳联合仿真控制系统模型

(1)导入 CarSim 模型。

将本书第二章中建立的轻型客车 CarSim 模型与 Simulink 设置联合仿真,选择 Models 为 Simulink,建立好联合通信路径,发送至第 3 章建立的控制模块中,再对 CarSim 模型的输入、输出量进行设定。

图 5-17 是对 CarSim 整车模型的输入量进行设定。四个输入量从上至下分别是左前、左后、右前和右后悬架的主动控制力。

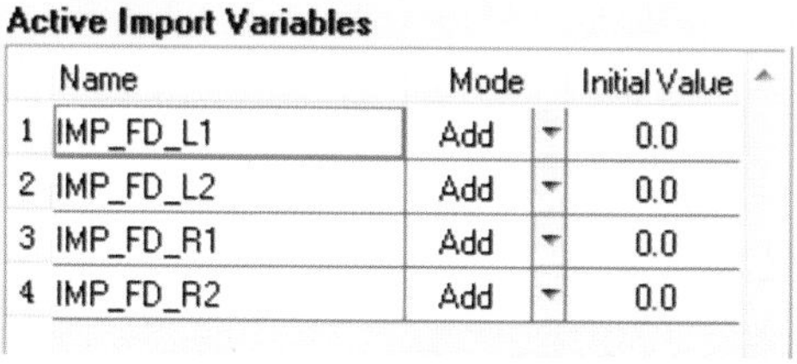

图 5-17 对 CarSim 整车模型的输入量进行设定

图 5-18 是对 CarSim 整车模型的输出量进行设定。其中从上至下分别是输出左前、左后、右前和右后轮胎的垂直载荷、侧向加速度、质心侧偏角、横摆角速度和车身侧倾角。

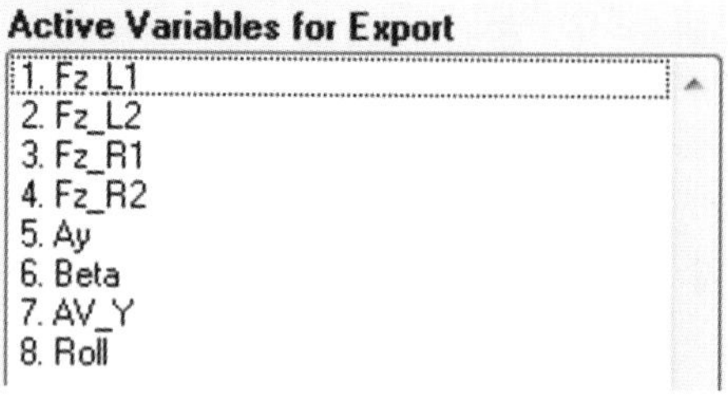

图 5-18 对 CarSim 整车模型的输出量进行设定

（2）建立联合仿真模型。

本书在 5.3 节中建立的基于主动悬架的防侧倾失稳控制器，将在 Simulink 中与 CarSim 系统模块连接起来，建立联合仿真模型，如图 5-19 所示。

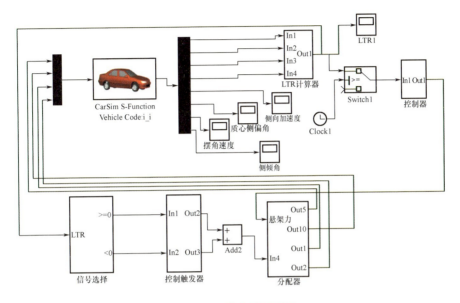

图 5-19　联合仿真模型

其中，LTR 计算器的子系统如图 5-20 所示，输入信号 In1~4 分别为由 CarSim 所输出的左前、左后、右前和右后四个轮胎的动载荷。

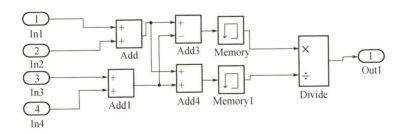

图 5-20　LTR 计算器的子系统

信号选择器子系统如图 5-21 所示，其作用为判断实时的 LTR 数值的正负，从而确定车辆发生侧倾的方向。若 LTR 为正，说明车辆发生了向左侧

203

的侧倾;若 LTR 为负,说明车辆发生了向右侧的侧倾,再利用 Simulink 控制模块对正、负两类 LTR 进行分类。

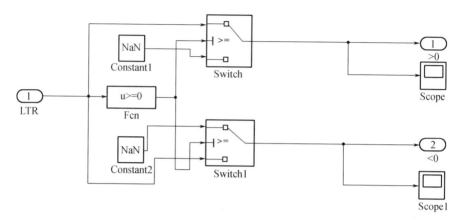

图 5-21 信号选择器子系统

控制激活器子系统如图 5-22 所示,其作用为将实时的 LTR 数值与本书设定的侧倾失稳阈值进行比较,若 |LTR|≥0.8,说明车辆有发生侧倾失稳的危险,可以激活控制系统进行控制;若 |LTR|<0.8,则说明车辆暂时安全,无须激活控制系统。

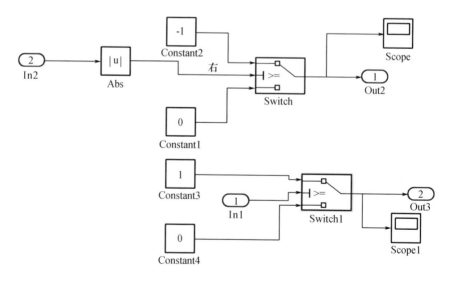

图 5-22 控制激活器子系统

分配器子系统如图 5-23 所示,其作用为根据先前信号选择器和激活器的判断,将相应的悬架主动控制力输入给相对应的悬架,即当 LTR > 0.8 时,将控制器产生的悬架力输入给左侧悬架正方向的控制力;当 LTR < -0.8 时,将控制器产生的悬架力输入给右侧悬架正方向的控制力,从而调节悬架的工作状态,改善车身侧倾的姿态,减小车辆继续侧倾的趋势,进而抑制车辆发生侧倾失稳。

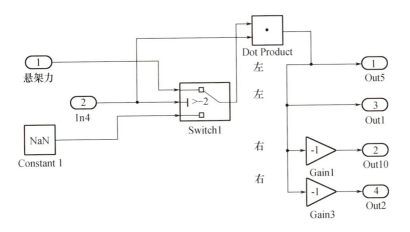

图 5-23 分配器子系统

控制器子系统分别为 5.3 节设计的 PID 控制器子系统与模糊控制器子系统,分别如图 5-24 和图 5-25 所示。

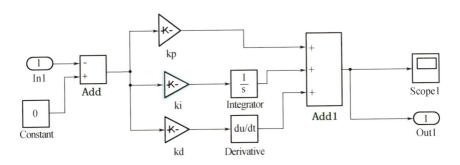

图 5-24 PID 控制器子系统

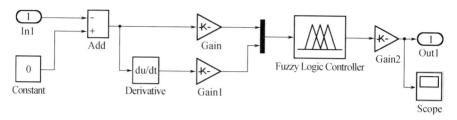

图 5-25 模糊控制器子系统

5.4.2 防侧倾失稳联合仿真控制策略验证

本节将利用 CarSim 提供的鱼钩试验工况和双移线输入试验工况,采用控制变量的方法,对所设计的控制策略进行验证。

(1) 鱼钩试验工况。

NHTSA 针对车辆侧倾稳定性提出了鱼钩试验工况检测方法,用于评价极限转向工况下车辆的侧倾稳定性,其中包含两个转向动作,通常情况下,在第二个转向动作后,即本书设定鱼钩试验的 1.45 s 左右,最容易出现侧倾失稳事故。

本书选取 CarSim 软件自带的鱼钩试验工况进行仿真试验,对所设计的侧倾稳定性控制策略进行验证。设定路面附着系数为 0.85,车辆以 80 km/h 的初始速度行驶,鱼钩试验工况下的转向盘转角设置曲线如图 5-26 所示,转向盘输入的最大值设置为 300°。

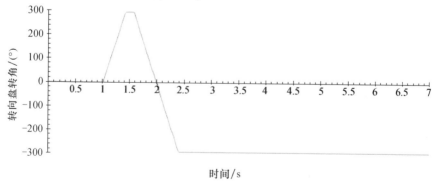

图 5-26 鱼钩试验工况下的转向盘转角设置曲线

鱼钩试验工况下,车辆在无控制、模糊控制和 PID 控制情况下的各性能指标的仿真结果对比曲线如图 5-27~5-31 所示。

图 5-27 是鱼钩试验工况下的 LTR 对比曲线,可以看出,无控制时车辆 LTR 绝对值的最大值已经超过 0.8,即超过本书规定的侧倾失稳阈值,可认定车辆即将发生侧倾失稳。当施加控制时,两种控制器都在 1.8 s 左右开始发挥控制作用,在控制器的作用下,LTR 绝对值维持在 0.8 以内,没有超过侧倾失稳阈值,可认定车辆在行驶过程中没有发生侧倾失稳的危险可能,相对安全。从图中可以看出,PID 控制时对 LTR 有一定的控制效果,过渡时间更短,使 LTR 的变化幅度降低,PID 控制效果比模糊控制更好些。

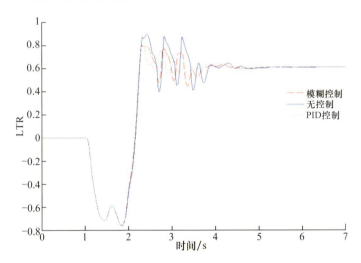

图 5-27　鱼钩试验工况下的 LTR 对比曲线

图 5-28 为鱼钩试验工况下车身侧倾角的对比曲线,图 5-29 为其曲线局部放大图。从图 5-28 可以看出,试验过程中,车辆在无控制的情况下,车身侧倾角最大值达到 -6°左右。而在施加控制后,可以看出控制后的车辆侧倾角的极值明显小于无控制时,两种控制器都可以减小车身侧倾角的最大偏差,降低车辆行驶过程中摆动的幅度,最终都稳定在 4°左右。因此,仿真结果表明两种控制方法对侧倾角都有一定的控制效果。控制器在 1.8 s 附近开始发挥其控制作用,抑制车身侧倾角继续增大的趋势,其中 PID 控制效

果最好,整个过程中曲线波动较小,超调量小,过渡时间短,令车身侧倾角减小的速度较快,在 2.8 s 时开始逐渐稳定,较早地使侧倾角进入稳定状态,比无控制提前 1.2 s,比模糊控制提前 0.9 s,尽早矫正车身姿态,有助于抑制车辆发生侧倾失稳;模糊控制的效果略差,曲线波动幅度较大。

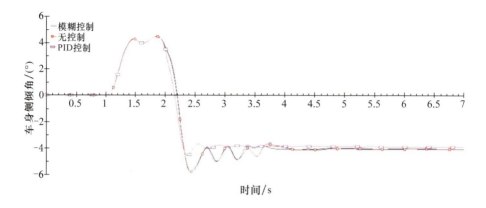

图 5-28 鱼钩试验工况下车身侧倾角的对比曲线

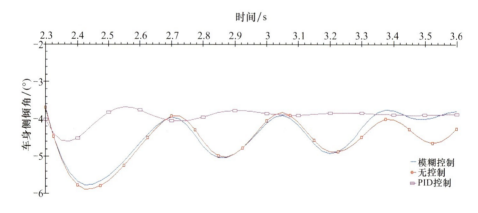

图 5-29 鱼钩试验工况下车身侧倾角的对比曲线(局部放大)

图 5-30 是鱼钩试验工况下车身侧向加速度的对比曲线,图 5-31 为其曲线局部放大图。由图可以看出,本书设计的两种控制器都可以起到降低车辆侧向加速度的作用,PID 控制在 1.8 s 左右开始发挥作用,降低了侧向加

速度的最大偏差,并在 3.2 s 处率先控制车辆进入稳定状态,与无控制相比,过渡时间有明显的减少,且控制过程中,车辆侧向加速度比较稳定,曲线更加平滑,最终维持在 -0.6g。模糊控制的效果没有 PID 控制效果好,但也可以更快地进入到稳定状态。

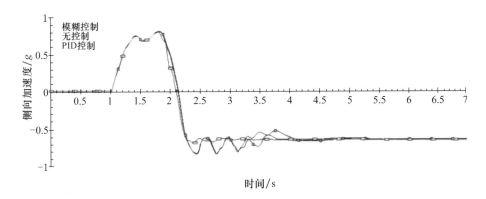

图 5-30　鱼钩试验工况下车身侧向加速度的对比曲线

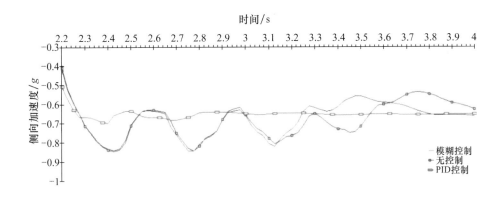

图 5-31　鱼钩试验工况下车身侧向加速度的对比曲线(局部放大)

综上所述,通过鱼钩试验工况,施加控制的车辆没有出现侧倾失稳现象,LTR 的值均被控制在 -0.8 ~ +0.8 之间,因此本书设计的两种控制器都可有效并快速地控制车辆的侧倾失稳性能指标,特别是 PID 控制,可以使车辆尽早地进入稳定行驶状态,调节悬架的工作状态,矫正车身姿态,防止车辆发生侧倾失稳事故。

（2）双移线输入试验工况。

本书选取 CarSim 软件自带的双移线输入试验工况进行仿真试验，对所设计的主动防侧倾失稳控制策略进行验证。设定路面附着系数为 0.85，车辆以 120 km/h 的初始速度进行仿真试验，双移线输入试验工况下的转向盘转角设置曲线如图 5-32 所示。

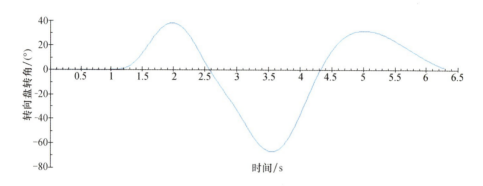

图 5-32　双移线输入试验工况下的转向盘转角设置曲线

双移线输入试验工况下车辆在无控制、PID 控制及模糊控制情况下的各性能指标的仿真结果对比曲线如图 5-33~5-36 所示。

图 5-33 为双移线输入试验工况下的 LTR 对比曲线，可以看出未施加控制时，LTR 在 3.3 s 左右时超过了侧倾失稳阈值，车辆处于比较危险的状态，而施加控制后，LTR 没有超过本书设定的侧倾失稳阈值，进而降低了车辆发生侧倾失稳事故的可能性。通过对比看出，PID 控制效果更加明显，可使 LTR 降低的速度变快。

图 5-34 是双移线输入试验工况下车辆侧倾角的对比曲线，可以看出，施加控制以后，车辆的侧倾角超调量减小，大约在 3.3 s 时控制器开始发挥作用，曲线波动幅度减小，PID 控制的效果好于模糊控制，将侧倾角控制在 4°以内，且过渡时间短。两种控制方法都起到一定的矫正车身姿态的作用，使得车辆可以稳定地行驶，从而降低了车辆发生侧倾失稳的可能性。

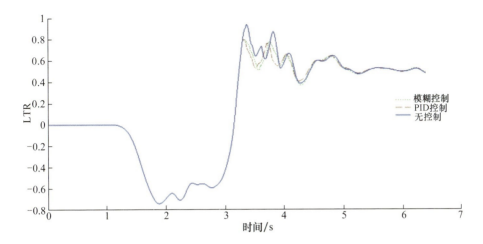

图 5-33 双移线输入试验工况下的 LTR 对比曲线

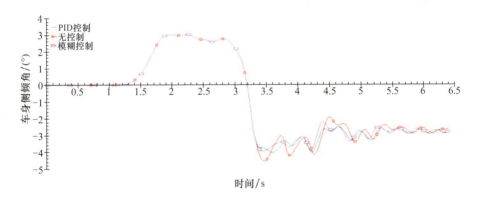

图 5-34 双移线输入工况下车身侧倾角的对比曲线

图 5-35 为双移线输入试验工况下车身侧向加速度的对比曲线,图 5-36 为其局部放大图。在 3.3 s 左右控制器开始发挥作用,PID 控制效果更加明显,将侧向加速度稳定在 0.8g 以内,模糊控制的振荡量相对较大,但两种控制都可以将侧向加速度的波动范围缩小,减小车辆在行驶过程中的侧向位移速度。

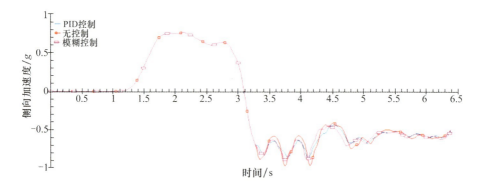

图 5-35 双移线输入试验工况下车身侧向加速度的对比曲线

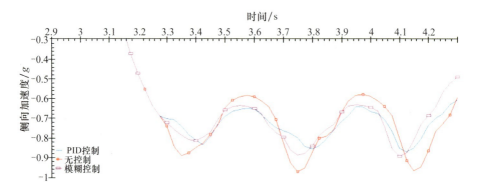

图 5-36 双移线输入试验工况下车身侧向加速度的对比曲线(局部放大)

综上,本章设计的主动防侧倾失稳控制策略在一定程度上对车辆在行驶过程中的姿态进行控制,矫正即将发生侧倾时的车身姿态,从而防止侧倾失稳事故发生,PID 控制的效果比模糊控制的效果更明显,振荡量和超调量都有一定的减小,过渡时间更短。

5.5 本章小结

本章选取主动悬架作为执行机构,基于主动悬架的工作原理,针对轻型客车进行主动防侧倾失稳控制策略的研究,通过为主动悬架提供适当的主动控制力,调节悬架的工作状态,以矫正即将发生侧倾失稳车辆的车身姿态,增强其侧倾稳定性,达到降低侧倾失稳事故发生概率的目的。本章的主要工作如下:

首先,利用 CarSim 软件对轻型客车进行整车参数化建模,其中包含了车辆的转向、悬架及制动等子系统,综合各子系统,构建整车参数模型。

其次,基于轻型客车的结构特点,对车辆发生侧倾失稳的机理进行研究,设定 LTR 为车辆侧倾失稳判定指标,确定侧倾失稳阈值。依据主动悬架的工作原理,确定适当的主动防侧倾失稳控制策略,选取 LTR 与其理想值的差值作为输入,采用 PID 控制及模糊控制原理设计两种控制器,当 LTR 达到设定的侧倾失稳阈值时,激活控制系统开始工作,对悬架系统施加相应的主动控制力,以矫正车身姿态,增强其侧倾稳定性,降低侧倾失稳事故发生的概率。

最后,联合 CarSim 与 MATLAB/Simulink 两种软件对本书构造的模型进行仿真,采用鱼钩试验和双移线输入试验两种不同的工况进行联合仿真的试验,对所设计的控制策略的有效性进行验证。通过对车辆行驶时的实时侧向加速度、侧倾角等参数进行对照,判断策略的有效性。结果表明本章所提出的控制策略可以增强轻型客车的侧倾稳定性,降低侧倾失稳发生的概率。

参 考 文 献

[1] HEGAZY S, RAHNEJAT H, HUSSAIN K. Multi-body dynamics in full-vehicle handling analysis under transient manoeuvre[J]. Vehicle System Dynamics, 2000, 38(34): 1-24.

[2] ESLAMIAN M, ALIZADEH G, MIRZAEI M. Optimization-based non-linear yaw moment control law for stabilizing vehicle lateral dynamics[J]. Automobile Engineering, 2007, 221(12): 1514-1524.

[3] 张越今,陈奎元,林逸.多刚体系统动力学在汽车转向和悬架系统运动分析中的应用[J].汽车工程,1995,17(5):263-273.

[4] 包继华,张建武,于岩.汽车整车多体系统动力学建模和仿真[J].计算机仿真.2004,21(1):53-56.

[5] 杨建森.面向主动安全的汽车底盘集成控制策略研究[D].长春:吉林大学,2012.

[6] 秦民,林逸,马铁利,等.应用ADAMS软件研究整车平顺性中几个问题的探讨[J],中国机械工程,2003(5):430-433.

[7] 高越,高振海,李向瑜.基于自适应卡尔曼滤波的汽车横摆角速度软测量算法[J].江苏大学学报(自然科学版),2005,26(1):24-27.

[8] 丁海涛,郭孔辉,张建伟.汽车ESP硬件与驾驶员在回路仿真试验台的开发与应用[J].汽车工程,2006,28(4):346-350.

[9] 陈军. MSC. ADAMS/Car技术与工程分析实例[M].北京:中国水利水电出版社,2008.

[10] 安丽华.汽车电子稳定性程序(ESP)控制方法及联合仿真研究[D].南京:南京理工大学,2009.

[11] 张明.Mazda6车辆稳定性系统测试和仿真平台研究[D].北京:清华大

学汽车工程系,2008.
- [12] 刘芳,张新.基于AMESim的汽车ABS/ESP集成液压控制单元的建模与仿真[J].汽车工程学报. 2011, 1(3): 122-126.
- [13] DING N, TAHERI S. A modified dugoff tire model for combined-slip forces [J]. Tire Science and Technology. 2010, 38(3): 228-244.
- [14] 蒋栋林.基于LuGre轮胎模型的比例多路阀摩擦力分析与颤振补偿[D].秦皇岛:燕山大学,2014.
- [15] 李欣.基于LuGre动力学摩擦模型的路面估计与车辆制动控制研究[D].上海:上海交通大学,2007.
- [16] 温兴清.基于动态摩擦模型的路面辨识及最优刹车控制研究[D].长沙:中南大学,2008.
- [17] 黄铧,左曙光,杨宪武等.基于LuGre轮胎模型的轮胎自振系统数值分析[J].计算机辅助工程,2009, 18(4): 19-23.
- [18] 于宏啸.基于状态估计的智能车辆碰撞避免研究[D].北京:北京工业大学,2015.
- [19] 张鹏,张明,夏群生,等.基于LuGre轮胎模型的轮胎稳态模型参数识别[J].农业机械学报,2008, 39(5): 204-207.
- [20] 刘金琨,沈晓蓉,赵龙.系统辨识理论及MATLAB仿真[M].北京:电子工业出版社,2013.
- [21] 崔文亮.基于ADAMS的汽车悬架与轮胎性能匹配优化研究[D].青岛:青岛科技大学,2012.
- [22] 徐维盈.基于ADAMS/CAR的高速公路减速带对车辆行驶平顺性及安全性影响研究[D].西安:长安大学,2012.
- [23] 张超群.某客车振动特性与悬架隔振性能分析[D].合肥:合肥工业大学,2014.
- [24] 薛盛兴,张立军,张庆文.基于ADAMS和MATLAB的主动悬架控制联合仿真研究[J].辽宁工业大学学报(自然科学版),2010, 30(3): 183-185,189.

[25] 余志生. 汽车理论[M]. 北京:机械工业出版社,2006.

[26] 仇建华,张永辉,王鑫. 基于 ADAMS 和 MATLAB 的汽车 ESP 系统的联合仿真[J]. 山东交通学院学报,2010,18(3):12-15.

[27] KEIYU K, OSAMU Y. Enhancements in vehicle stability and steerability with slip control[J]. JSAE Review, 2003, 24(1):71-79.

[28] 于鹏晓. 微型客车运动学/动力学仿真研究[D]. 南京:南京理工大学,2001.

[29] 尤瑞金. ADAMS 软件在汽车前悬架——转向系统运动学分析中的应用[J]. 美国 MDI 公司 2001 年中国用户论文集. 2001:229-238.

[30] 张勇,殷承良,熊伟威. 基于 Matlab 的车辆动力学控制交互式硬件在环仿真系统研究[J]. 机械科学与技术,2006,25(7):821-823,851.

[31] 李幼德,刘巍,李静,等. 汽车稳定性控制系统硬件在环仿真[J]. 吉林大学学报(工学版),2007,37(4):737-740.

[32] PARK K, HEA S J, SON S, et al. A study for improving vehicle dynamics property using hardware-in-the-loop simulation[C]. Proceedings of AVEC, Japan, 2002:45-49.

[33] 王良模,安丽华,吴志林,等. 基于模糊 PID 控制策略的 ESP 控制系统仿真[J]. 江苏大学学报(自然科学版),2011,32(3):266-271.

[34] 夏玮,李朝晖,常春藤,等. MATLAB 控制系统仿真与实例详解[M]. 北京:人民邮电出版社,2008.

[35] 叶建华,朱春华,詹友基,等. 车辆静态稳定性试验系统的设计[J]. 重庆理工大学学报(自然科学版),2009,23(12):16-20.

[36] 全国汽车标准化技术委员会. 汽车操纵稳定性试验方法:GB/T 6323—1994[S]. 北京:中国标准出版社,1994.

[37] 陈家琪,周晶晶. 汽车 ESP 试验系统及其硬件在环仿真研究[J]. 上海理工大学学报,2011,33(2):189-192.

[38] 欧健,房占鹏,王林峰. 汽车 ESP 系统模型和模糊控制仿真[J]. 重庆邮电大学学报(自然科学版),2010,22(4):516-520.

[39] 刘显贵,易际明,林勇明,等.汽车底盘控制子系统集成优化研究[J]. 机械设计,2016,33(10):91-95.

[40] 金智林.运动型多功能汽车侧翻稳定性及防侧翻控制[D].南京:南京航空航天大学,2008.

[41] 胡延平.汽车电动助力转向与稳定性控制系统集成控制关键技术研究[D].合肥:合肥工业大学,2015.

[42] 李学飞.铰接转向车辆侧倾失稳机理及主动防侧翻控制方法研究[D].长春:吉林大学,2014.

[43] OREH S, KAZEMI R, AZADI S. A new desired articulation angle for directional control of articulated vehicles[J]. Journal of Multi-body Dynamics,2012,226(4):298-314.

[44] SHINO M, NAGAI M. Independent wheel torque control of small-scale electric vehicle for handling and stability improvement[J]. JSAE Review,2003,24(4):449-456.

[45] SANGHO Y, JIHYUN J, DONGSHIN K. Development of rollover prevention system using unified chassis control of ESP and CDC systems[J]. SAE Paper,2006(1):1276.

[46] 宗长富,李刚,郑宏宇.线控汽车底盘控制技术研究进展及展望[J].中国公路学报,2013,26(2):160-176.

[47] 祝辉,陈无畏.汽车悬架、转向和制动系统建模与相互影响分析[J].农业机械学报,2010,41(1):7-13.

[48] PETER G. Model-based control design of integrated vehicle systems[J]. Journal of Studies in Computational Intelligence,2009,243(12):103-119.

[49] JANGYEOL Y, SEONGJIN Y, WANKI C. Design of an unified chassis controller for rollover prevention, maneuverability and lateral stability[J]. Vehicle System Dynamics,2010,48(11):1247-1268.

[50] LU S B, LI Y N, CHOI S B. Contribution of chassis key subsystems to rollover stability control[J]. Journal of Automobile Engineering,2012,226

(4): 479-493.

[51] CHEN Y, WANG J. Fast and global optimal energy-efficient control allocation with applications to over-actuated electric ground vehicles[J]. IEEE Transactions on Control Systems Technology, 2012, 20(5): 1202-1211.

[52] ELMARAKBI A, RENGARAJ C, WHEATELY A, et al. New integrated chassis control systems for vehicle handling performance enhancement[J]. International Journal of Dynamics and Control, 2013, 4(1): 360-384.

[53] ZULKARNAIN N. LQG control design for vehicle active anti-roll bar system [J]. Applied Mechanics and Materials, 2014, 663: 146-151.

[54] HER H, SUH J, YI K. Integrated control of the differential braking, the suspension damping force and the active roll moment for improvement in the agility and the stability[J]. Journal of Automobile Engineering, 2015, 229 (9): 1145-1157.

[55] TCHAMNA R, YOUN E. Combined control effects of brake and active suspension control on the global safety of a full-car nonlinear model[J]. Vehicle System Dynamics, 2014, 52(9): 69-91.

[56] SEONGJIN Y. Design of a robust controller for rollover prevention with active suspension and differential braking[J]. Journal of Mechanical Science and Technology, 2012, 26(1): 213-222.

[57] YUTA S, MASATO A. A study on tire force distribution controls for full driver-by-wire electric vehicle[J]. Vehicle System Dynamics, 2014, 52(6): 235-250.

[58] YIM S. Coordinated control with electronic stability control and active steering devices[J]. Journal of Mechanical Science & Technology, 2015, 29(12): 5409-5416.

[59] 赵又群,许健雄,刘英杰,等. 基于灰色关联度法的汽车转向操纵动态特性评价[J]. 中国机械工程, 2014, 25(4): 536-567.

[60] 魏建伟,魏民祥.基于主动转向干预的EPS系统转向盘力矩突变修正策略[J].南京航空航天大学学报,2011,43(4):572-576.

[61] 杜峰,闫光辉,魏朗,等.主动四轮转向汽车最优控制及闭环操纵性仿真[J].汽车工程,2014,7(36):848-852.

[62] 解少博,魏朗.基于状态空间自回归最小二乘的车辆质心侧偏角非线性估计[J].中国机械工程,2014,2(25):278-283.

[63] 吕绪宁.汽车主动横向稳定杆与主动前轮转向协调控制研究[D].长沙:湖南大学,2014.

[64] 卢少波.汽车底盘关键子系统及其综合控制策略研究[D].重庆:重庆大学,2009.

[65] 李静,余春贤.基于模糊与PID的车辆底盘集成控制系统[J].吉林大学学报(工学版),2013,43(3):509-513.

[66] 朱冰,贾晓峰,王御,等.基于双dSPACE的汽车动力学集成控制快速原型试验[J].吉林大学学报(工学版),2016,46(1):8-14.

[67] 张玉洁.基于CarSim的电动助力转向系统仿真与硬件在环验证[D].合肥:合肥工业大学,2015.

[68] 赵野.某半主动空气悬架轻客的操稳性与平顺性研究[D].南京:南京理工大学,2015.

[69] 李道飞.基于轮胎力最优分配的车辆动力学集成控制研究[D].上海:上海交通大学,2008.